マドンナメイト文庫

素人告白スペシャル 大人の絶頂初体験

素人投稿編集部

第一章 未知なる快楽に女芯がじんじん疼いて

第二章 衆人環視のなか男幹に狂わされていき

第三章 言葉責めのたびに牝穴から淫蜜が零れ

第四章 変態的な交姦に溺れ新たな性癖を知り

※本書に掲載した投稿には、読みやすさを優先して、編集部でリライトしている部分もあります。なお、投稿者・登場人物はすべて仮名です。

第一章 未知なる快楽に女芯がじんじん疼いて

ご主人様の調教でマゾの悦びを教えられ初対面の男たちから三穴凌辱されて……

藤原梨乃　主婦・三十五歳

ご主人様曰く、私は「生まれついてのマゾ」なのだそうです。それは見る人が見ればひと目でわかるほどなのだとおっしゃいます。夫以外に男性を知らなかった私にはとても意外な指摘でしたけれど、現によろこびを感じているのですから、きっとそうなのだと思います。

ご主人様は六十代ということもあり、セックスをしてくださるわけではありません。M字開脚縛りをされて延々とおもちゃで責められたり、手や口を使ったご奉仕を命じられたり、お尻の穴を拡張されたりというご調教で私を満たしてくださっています。

「イク」という感覚すら知らなかった私には、そうしたすべてが新鮮でした。ですからそれだけで十分に満足だったのですが、先日、「お前も温かいもので気持ちよくなりたいだろう?」というご主人様のご配慮から、「輪姦」をしていただくことになったのです。

輪姦。言葉として意味を知っている程度の知識しかありませんでした。

ただでさえ男性経験のとぼしい自分がどうなってしまうのか……。

考えてみてもまるでわからず、ご主人様によろこんでいただきたい気持ちと怖さとがないまぜになって、膝が震えてきたのを覚えています。

そしてやってきた当日、私は想像すらしていなかった時間を過ごすことになりました。ご主人様にレポートを書くように命じられましたので、恥ずかしながらそのときの体験について書かせていただきたいと思います。

私を「輪姦」するのはご主人様の大切なお友だちの方々とのことで、ホテルに案内された私はとても緊張していました。さびしさから利用した出会い系サイトでご主人様と知り合い、およそ二年になりますが、これほど張りつめた心地になったことはありませんでした。

部屋で私たちを待たれていたのは四十代から五十代と思しき三人の男性で、スキンヘッドでサングラスをした平井さんが最年長に見え、真ん中が顎髭を生やした後藤さん、常に満面の笑みを浮かべている色白の斉藤さんがいちばんお若く見えました。

皆様でお酒を飲まれていたらしく、ガラステーブルの上に高価そうなワインのボトルとグラスが並んでいて、特に斉藤さんはたくさん召し上がったのか赤い顔をされていました。

ご主人様が私を皆様の前に立たせて紹介してくださると、平井さんが「三十路にはとても見えないね」、斉藤さんが「ロリータ系だ」、後藤さんが「写真で見るより透明感があるよ。清楚だねぇ」などと、口々にお世辞を言ってくださいました。

あらかじめ私の写真をごらんになっていたんだと思うと不安になり、どんな写真だろうかとご主人様に目を向けると、「皆さんにはお前のすべてを知ってもらっているよ」と私の心を読んだようにおっしゃいました。

「ケツ穴のシワの数までってことだよ」

斉藤さんがワイングラスを傾けながらおっしゃり、皆様の前に立ったままの私は消え入りたいような気持ちになりました。

ご主人様は、皆様に私の恥ずかしい写真を見せただけでなく、私の夫が忙しい銀行員であること、夜の営みが何年もないこと、夫と交際を始めた二十四歳のときまで処女だったこと、ご主人様と出会うまで自慰の経験すらなかったこと、子どもがいないことなど、私に関するさまざまなことを皆様に伝えられているようでした。

「内面はウブなのに、体は淫らって最高だよなぁ」

身を乗り出してこられた後藤さんに頭の先から足の先まで舐め回すように見つめられ、黙ったままうつむくことしかできませんでした。

ここへ来る直前、私はご主人様の車の中で着がえをして、薄いコートの下にはマイクロミニのメイド服を着ていました。指示されてコートを脱ぎ、皆様にそれを見せると、「おっ」とサングラスを下げた平井さんがある女性芸能人の名前を挙げて私に似ているとおっしゃいました。

「そっくりって言われたことあるでしょ?」

「あ、あの……何度かは……」

好奇の視線を浴びているのがほんとうにいたたまれなく、また震えがぶり返し

てきました。ただ、どなたも怖い感じではないので安心しかけていたのですが、ご主人様がビデオカメラを回しはじめて、

「挨拶はそれくらいでいいでしょう。好きなように犯してやってください。梨乃にNGは何もありませんから」

とおっしゃったのを機に、急に雰囲気が変わりました。

「なんか罪悪感を覚えるなぁ」

「調教ずみの性奴隷には見えないからねぇ」

「ま、だからこそ犯しがいがあるってもんだよな」

穏やかそうに見えていたお三方が、笑顔なのにギラギラした目をして口々におっしゃり、いっせいに立ち上がったと思うと私をもみくちゃにしてきたのです。

斉藤さんが背後からバストをわしづかみにしてこられ、後藤さんが正面からディープキスを、平井さんは立ち尽くす私の太腿に抱きついて、肌に頬ずりをしながら脚のつけ根を舐めてこられました。

その様子をご主人様が微笑みながらビデオカメラに収めています。

私はどうしたらいいのか……。

痛いほど胸をドキドキさせたまま、少しずつ着衣を乱されていきました。

「せっかくの衣装ですから、全部は脱がさないほうが淫靡でしょうな」

ご主人様がそうおっしゃり、平井さんが「もちろんわかっていますよ」と、下着を横にずらして舌を差し入れてこられました。

「あっ、あぁっ」

思わず声をあげて内股になりました。すると平井さんが両手で太腿を割り広げ、鼻であそこを突き上げるようにしてこられました。

驚きと衝撃でバランスを崩した私が背後の斉藤さんに体を預ける格好になると、斉藤さんがメイド服の胸元のフリル生地をグッと押し下げてこられ、ブラをしていない乳房が生地にのる形で剝き出しにされました。

「最高、ピンク色のきれいな乳首だ。人妻とは思えないねぇ」

後藤さんがそうおっしゃいながら乳首に唇をかぶせて舐め回してこられます。

こんなに早く、ここまでされるなんて……。

斉藤さんには後ろから首筋に舌を這わされ、平井さんにあそこを舐められ、私は震えながらご主人様の構えるカメラを見つめることしかできませんでした。

「梨乃、気持ちいいかい？」

ご主人様に聞かれて「はい」と答えましたが、ほんとうは混乱しきっていました。

私にとっては見ず知らずの男性たちです。ご主人様に調教していただいている
とはいえ、夫としか性行為をしたことのない私が、これからこの方たちに「輪姦」

をされる……。

いまさらながら自分自身がわからなくなりそうでした。

「もうトロットロに濡れてるよ、梨乃ちゃん」

スカートの中で膣口に指を添わせてこられた平井さんが、そうつぶやきながら
クチュクチュと恥ずかしい音を立てました。

「マゾだもんな」

顔にカメラを寄せたご主人様がそうおっしゃり、不意にビンタを見舞ってこら
れました。パンッと思いのほか大きな音がして、頭がぼうっとするのと同時に、
固くこわばっていた体から力が抜けていくのを感じました。

そうだ……私は「生まれついてのマゾ」なんだ……。

急にすべてのピントが合った気がしたとき、後藤さんが私を前に引き倒して四

つん這いの格好にさせ、口の中に硬くそり返ったアレを押し込んでこられました。

　咽喉まで一気に突き込まれて、私はゲウッと嗚咽（おえつ）しました。

　斉藤さんが後藤さんをフォローするように私の髪の毛をつかんで顔を上向かせます。

　脚の間にいらしたはずの平井さんがいつの間にか私の後ろへ回り込み、下着を膝上まで引きおろして、お尻を開いてこられました。

「むう……わうっ……」

　私は夢中でご奉仕につとめました。

　腰を突き出した後藤さんが「咽喉の輪っかで締めるんだよ」とお命じになり、さらに奥まで突き入れてこられます。

　胃液が込み上げてすっぱいものが口に溢れ、私は背中を波打たせました。

　両目から涙がこぼれて口の端からよだれが垂れ落ちました。

「いやぁ、かわいいねえ」

　髪の毛をつかんだままの斉藤さんが私の顔をのぞき込んで笑顔でおっしゃり、後藤さんが「いい口マ〇コしてるし」とつけ足されました。

ご奉仕には慣れているつもりでいましたが、ご主人様にもこれほど激しく咽喉を突かれたことはありませんでした。

それでも後藤さんのご指示にしたがって咽喉を締めようとしていると、後ろにいらっしゃる平井さんが私のお尻の穴に舌を這わせてこられ、同時に膣の中まで指を入れて、またあの恥ずかしい音を響かせました。

気がつくと体じゅうの肌がツブツブと粟立っていました。

自分はほんとうにマゾなのかと疑っていた時期もありましたが、現にこうして、初対面の方々になぶられながら淫らに感じてしまっている私がここにいるのです。

「梨乃、気持ちよかったらイッていいんだよ」

ご主人様がおっしゃった瞬間、私はビクンッと身をふるわせて、この日最初の絶頂に達したのです。

ふだんのご調教であれば、私の状態をごらんになったご主人様が休憩をくださる場面だったように思います。でも、この日のご主人様は、あくまで見学者としての立場を貫こうとされているようでした。

お三方もまだこれからというムードで、事実、私が部屋に入ってからさほど時間がたったわけでもありませんでした。

「咽喉を犯されたのがよかったのかな、それとも平井さんの指でイッたの?」

斉藤さんがおっしゃり、後藤さんが「イッたら咽喉も締まってきたよ……もう出そう」と、まだ口の中にあるものを大きく抜き差しされました。

絶頂の余韻はまだ残っていましたが、咽喉をふさがれたままの私はまた胃液が込み上げていて、繰り返しえずいてしまっていました。

そのとき、深く押し込まれた後藤さんのアレが、いきなりドクドクと弾けたのです。

「ぶむぅっ!」

熱い精液が咽喉の奥に直接注ぎ込まれました。鼻から精液が溢れ出し、苦しさに身をよじると後藤さんに「飲め!」と命じられました。

「飲んじゃったほうが楽だよ」

斉藤さんにもそう言われ、必死に咽喉を鳴らして嚥下(えんげ)しました。それで後藤さんのモノがようやく口から抜かれたのですが、今度は斉藤さんが入れ違いにあれを押し込んでこられました。

それでも必死にご奉仕しようとしていると、後ろにいらっしゃる平井さんが、ヌルリとお尻の穴へ指を差し入れてこられたのです。

とうにいっぱいいっぱいだった私は、ほとんどパニック状態になりました。

「濡れ方がすごいからワセリンも必要ないね」

いつもお尻に何かを入れるときには前もってワセリンを塗っていただくのですが、平井さんは私の愛液をそのかわりにしていらっしゃるようでした。

「しっかり仕込まれてる。休憩もなしによく耐えてるよ」

斉藤さんがそうおっしゃいながら私の頭を両手でつかんで前後させます。

いましがた射精したばかりの後藤さんが、斉藤さんがアレを入れている唇の脇から、まだ完全には硬くなっていないものを割り込ませてこられました。

「また勃(た)たせてもらうかな」

「むっ……ぐっ」

「すごい顔になってるよ。美人なだけにソソるよねぇ」

斉藤さんが私の苦悶(くもん)する顔をのぞき込んでこられたとき、平井さんが「いちばん乗りさせてもらうよ」と膣にアレを挿入してこられました。

「む、んむうっ」

気が変になりそうでした。夫のそれよりもずっと大きい平井さんのもので貫かれ、同時にお尻の穴をほじられているのです。

パンパンパンッと音を立てて腰を打ちつけられるにつれ、体が大きく揺らされて、そのたびに口の中の二本のアレがますます硬くふくらんできました。

「わうぅっ……わうぁぁあっ」

口が裂けそうになり、それでもまだ襲いくる快感に鳥肌が立って、頭が真っ白になりました。

「いやあ、よく締まる……絶品だよ！」

平井さんがおっしゃり、さらに斉藤さんと後藤さんが「天性の肉便器だね」「これはまだまだ育つよ」と楽しそうに話されているのが聞こえました。

ここで、私の記憶はいったんぷつりと途切れてしまっています。いいえ、正確に言うと、途切れとぎれの状態でずっと続いていくことになるのです。

休憩は最後までありませんでした。

ご主人様にいろいろな角度から撮影されながら、私はまだ平井さんに後ろから犯されたまま、斉藤さんと後藤さんに口をなぶられていました。

揺れるバストの先が床の絨毯にこすれていたのを覚えています。

ご主人様が横から手を伸ばしてこられ、私の鼻にかぎ状のフックを取りつけたのはいつだったのか……。

ぐいと強く引っぱられて、のけぞった私は獣のような叫び声をあげました。

「どんどんいい顔になってくるねぇ」

そうおっしゃったのが誰なのかもわかりません。

平井さんの腰の動きが速くなり、後ろから乳房を荒々しくもみしだかれました。

「いっしょにイキましょうか、平井さん」

斉藤さんが誘いをかけ、平井さんが「了解」とお答えになると、ご主人様が「ピルを飲ませていますから、遠慮なく中出ししてください」と私の頭をなでてこられました。生理の管理用だと思っていましたが、確かに私は、少し前からピルを使うようになっていたのです。

「俺はさっき出したばっかりだから、ちょっと休むよ」

後藤さんが一歩退かれ、口が少しだけ楽になるのと同時に、怖いほどの快感が背筋を駆け上がってきました。

「そろそろイッちゃっていいかな?」

「ええ、もうぼくも出そうですよ」

前から後ろから別の男性のモノを突き込まれ、全身を波打たせながら際限なくイキつづける、私は一本の肉の管になっていました。

「おおっ……ンッ……むむぅっ」

目の前がチカチカして、頭の中で何かが溶けだしたような気がしました。

そしてひと際大きな絶頂に襲われた瞬間、私の体の中でお二方のモノが勢いよく脈を打ちました。

「ぶぶうっ!」

フックをかけて固定されたままの鼻から豚そのものの恥ずかしい音が洩れました。その顔をアップで撮られながら、斉藤さんにも「飲め」と命じられました。

苦しいのを我慢して何度かに分けて嚥下します。

そうしている間、赤剝けたみたいにほてりきっている膣口からは、平井さんの精液がトロトロ溢れ出していたのです。

お二人がヌルリとあれを抜き出したとたん、私はべちゃっとつぶれるように床へうつぶせになりました。手首の腕時計が目に入り、部屋に入ってから二時間近くもたっていたことを知りました。

やはり記憶が飛んでいるのです。

このあと少しして、引きずられるようにベッドまで運ばれたのを覚えています。

衣装は脱がさないというお話でしたが、皆様のお気持ちが変わったのか、一糸まとわぬ姿にされていました。

そして体じゅうに落書きをされていました。

後になって鏡で見たのですが、「PIECE OF SHIT WHORE」「SLUT」「淫乱浮気妻」「DADDY'S CUNT」等々といった、英語と日本語を交えたいやらしい言葉が体の前にも後ろにも……。

口には開口器がつけられていて、鼻フックとあわせて顔がめちゃくちゃになり、よだれが流れっぱなしになっていました。その姿で皆様にご奉仕している間、お尻の穴には専用のバイブレーターが入れられていました。

なぜいやがらないのか、なぜ抵抗しないのかと思われる方がいらっしゃるかもしれません。そんな気持ちにはなれないのです。感情に理由がないように、もし理由を聞かれたとしても、「生まれついてのマゾだから」としか申し上げようがないのです。

そんな始まりも終わりもないマゾの私にも、ここが頂点と感じられるひとときがありました。ご奉仕をしている間もかわるがわる「中出し」していただいていたのですが、そのあと、お尻の穴にまで精液を注ぎ込まれたのです。

それだけではありません……。

「ケツ穴も性処理に使える程度まで拡張してありますから、皆さんご自由にぶち込んでください」

まずご主人様がそうおっしゃり、後ろ手に手錠をかけられました。私が暴れるかもしれないと危惧されたのでしょう。もとよりそんなつもりはありませんでしたが、経験したことのないお尻の穴でのセックスは、「輪姦」という言葉を聞いたときにも、まったく想像できなかったことでした。

手錠をかけられたとき、私は後藤さんの上に乗り、いわゆる騎乗位の格好でご指示のままに腰を動かしていました。

前からは平井さんが開口器をつけた私の口にアレを押し込んでいらして、それですべての穴をふさがれているつもりでいました。

直前に膣へ「中出し」をして一服されていた斉藤さんが、ご主人様の言葉を受けて「一週間オナ禁してきてよかったよ」と私の後ろへ回り込んでこられました。

平井さんが私の髪をつかんでご自分のほうへ引き寄せ、私を前屈みにさせました。

下から後藤さんに突き上げられながらお尻を突き出す格好になった私は、また激しい緊張をぶり返らせていました。

「大丈夫、もう十分ほぐれてるよ」

斉藤さんがそうおっしゃり、指を入れてお尻の中をかき回してこられました。

家を出る前に浣腸をしてくるように言われていたのはいつものことですが、それでも粗相(そそう)をしてしまうのではないかと不安になり、どうしても固くなってしまいました。

そのとき、へっぴり腰になっていた私のお尻を、ご主人様が思いきり引っ叩いてくださいました。お三方も驚かれたらしく、空気がピンと張り詰めましたが、逆に私の中に残っていたよけいな何かが、すべて叩き出された気がします。

体の力が抜けるのと同時に陶酔に似た快感が込み上げてきて、私はおねだりをするようにお尻を突き出していました。

口には平井さんの、あそこには後藤さんのアレが入っています。そこへ新たに、お尻の穴をメリメリと広げるようにして、斉藤さんのモノが押し入ってきました。日ごろのご調教のおかげで痛みはほとんどありませんでしたが、膣に後藤さんのモノが入っている分、どちらの穴でも過去に経験したことのない圧迫を感じました。

「おおっ……おおんっ」

無意識に太いうめき声が洩れました。膣とお尻の穴の間の壁が両面から強く摩擦されていて、信じられないほど気持ちいいのです。

前からは平井さんのモノを咽喉の奥まで押し込まれ、私はお腹のあたりを痙攣させながらよだれを滝のように垂らしていました。

ビクンビクンと絶頂が止まらず、何度も気が遠くなりました。ほんとうに気が狂うかと思うほどのエクスタシーが、波のように繰り返し押し寄せてくるのです。

これ以上動かないで……待ってください……と、この日初めて拒否の言葉が出そうになりました。でも、話すために口を使うことは、もとよりできなくされているのです。

やがて斉藤さんが「ヤバいよ、この締めつけ……もうイッちまいそう」とおっしゃり、後藤さんも「二穴同時は特別だな。我慢できねぇ」と息を荒くされました。

そして口を犯している平井さんが「三穴だよ」とお笑いになり、「俺もいつでもイケるよ」とつけ加えられた直後、まず斉藤さんが、続けて後藤さんが、膣とお尻の穴の両方で間を置かずに射精されました。

最後に平井さんが私の口に熱いものを溢れさせると、私は半ば失神したようになって、いよいよ目を開けていることもできないまま、ぐったりと前へ倒れ込んだのです。

そのまま少し眠ったようです。目を覚ましたとき、私はベッドの上できちんと布団をかけていただいた状態であおむけに寝かされていました。

体には激しいエクスタシーの余韻が残っていて、膣口とお尻の穴からはまだ精液がにじみ出していました。お一人につき二度か三度、すべて私の体内で射精されていたので、体じゅうの血液を精液に替えられてしまったような気がしました。

お三方はもう帰られたらしく、ご主人様が一人でコーヒーを飲まれていました。

「よくがんばったな。どうだった？」

その場では上手く言葉にすることができませんでした。それでレポートを書くことになったのですが、やっぱり上手く書けません。

複数の男性を相手にしたのも、お尻の穴でしたのも、いえ、何もかもが初めての体験で……記憶が飛んでいることもあり、あっという間だったと感じています。ただ、ご主人様に初めてのことを味わわせていただくたびに思うのは、日常に戻ったとき、目に映るすべての景色が色鮮やかに変わって見えることで、それは性的な快感とはまた違う、とても大きな悦びなのです。

実体験なしにわかっていただくのはむずかしいでしょうか。ともあれ後悔がないということだけを、最後に重ねてお伝えしたく思います。

まだまだ知らないことばかりですが、「ときどきこういう機会をつくってやるからな」と言っていただき、また体を熱くしてしまっている幸せなマゾの私がここにいます。

カーテン越しにまぐわうカップルの横で激エロ巨乳熟女を抱いた大人のパーティ

野村誠也　会社員・五十六歳

これからお話する体験は、いまから三十年近く前の出来事になります。

私は女性にまったくもてないため、十代から二十代にかけては悶々としており、精力はもっぱら風俗で発散していました。

ソープランドやイメージクラブは飽きてしまい、何か新しいものはないかと興味を抱いたのが、スポーツ新聞の広告に掲載されていた大人のパーティでした。

怪しい感じに不安は隠せなかったのですが、それが逆に刺激となり、とうとう覚悟を決めて連絡を入れました。

電話に出た男性から簡単なシステムを説明されたあと、「最寄りの駅に着いたら、もう一度電話してください」と告げられ、私は身支度をととのえて自宅をあとにしました。

ひょっとして、とんでもない事態に巻きこまれるのではないか。

怖いお兄さんが出てきて、金だけとられて放り出されるのではないか。

指定された駅が近づくごとに悪い想像ばかりが頭の中を駆け巡り、何度もやめようかと思ったほどです。

それでもスケベ心にはかなわず、私は駅前の公衆電話から連絡を入れ、道順や目印などを教えてもらい、緊張の面持ちで○○マンションに向かいました。

マンションヘルス（マンヘル）という風俗の存在は知っていましたが、おそらく同じような形態で男女の出会いを提供しているのではないか。

そんなことをぼんやり思いつつ、駅前の脇道から真っすぐ突き進みました。

昔ながらの古びた商店が建ち並び、繁華街で遊んでいた私にとっては、こんな場所に風俗店があるのかとずいぶん面食らったものです。

二百メートルほどは進んだでしょうか。やがてレンガ造りの大きなマンションが目に飛び込み、心臓がドキドキしはじめました。

エントランスを通り抜けると、閑散としたマンションには管理人の姿もなく、不気味なほど静まりかえっていました。

かなり古い建物で、エレベーターの中も汚れており、とんでもないところに来てしまったと後悔することしきり。とはいえ、いまさら引き返すわけにもいかず、覚悟を決めるしかありませんでした。

部屋の前に到着したとき、緊張感はピークに達し、私は震える指でインターホンを押しました。

スピーカーから低い声が聞こえてきて、名前を告げると内鍵がはずされ、ドアが開いて二十代後半と思われる男性がにこやかな顔で迎えてくれました。

至って普通の人で、この時点で多少なりとも不安は解消されました。

「どうぞ、中へ」

「し、失礼します」

入ってびっくりしたのが、とにかく黒いカーテンだらけで、間口に受付らしきデスクが置いてある以外は室内の様子がまったくわからないんです。

出迎えた人のほかにも二人いて、こちらもどこにでもいるような男性でした。

「受付、よろしいですか？」

「は、はい」

受付に座っていた男性がシステムの詳しい説明をしはじめ、私はそわそわしながら話を聞きました。

「電話で申し上げたとおり、うちはチケット制を採用しています。奥の部屋で男女がパーティをしていますから、このピンクの紙切れを気に入った女性に渡し、別部屋に移動して楽しんでもらいます。一枚だと一万五千円、二枚だと二万五千円。パーティへの参加時間は、九十分となっております」

「……はい」

「手前に個室があるのですが、そこを利用したい場合はプラス一万円になります」

個室は魅力でしたが、内容のわからない風俗に三万五千円は大きな出費になります。

一人だけを相手にするなら一万五千円ですみますが、どうせなら二人とエッチしたかった私は、二枚のチケットを購入し個室はパスしました。

「それでは、右隅にシャワー室があるので、まずはそこで汗を流してください」

かたわらにたたずんでいた男性に導かれ、カーテンが開けられると、すりガラスのドアがありました。

「服はこちらに着がえてください。脱いだ服や荷物はこの籠に入れていただければこちらで預かりますので、貴重品だけはお持ちください」

バスタオルにサウナで提供されるようなグレーのTシャツとパンツを手渡され、思わずぽかんとしたのですが、したがうしかありません。

「……わかりました」

「準備がととのいましたら、声をかけてください」

カーテンが閉められ、私はようやくひと息つきました。

三方をカーテンで仕切った狭いスペースが脱衣場代わりらしく、服を脱いでシャワーを浴び、シャツとパンツに着がえたものの、とにかくだぶだぶで見栄えが悪く、これで女性の前に出るのかと恥ずかしかった記憶があります。

「あの、用意、できました」

「では、こちらにどうぞ」

カーテンを開けて声がけすると、出迎えてくれた男性に促され、いよいよかと胸が躍りました。

今度は浴室の真横にあるカーテンが開けられ、長い廊下が目に入りました。

手前の個室を通り抜け、突き当たりの部屋は扉が開いており、和テーブルを囲んで二人の男性と五人の女性が談笑していました。

テーブルには菓子と酒、アイスペールが置かれ、あまりの質素さにこれがパーティなのかと呆然としたものです。

女性たちにも、服は提供されていたのでしょう。こちらは薄いブルーのガウンで丈が異様に短く、太腿が露出していました。

和室の右横にも部屋があり、エッチはその部屋でするのだと理解できました。

「お酒は、好きなものを飲んでください」

「……わかりました」

「では、ごゆっくり」

室内に足を踏み入れただけで、気まずさが込み上げました。

普通の風俗で、ほかの男性と相対するシチュエーションなんてまずありえませんから……。

「何を飲みます?」

「あ、えっと、それじゃウイスキーを」

入り口の近くに座っていた女性が声をかけてくれ、とりあえず彼女のとなりに腰をおろしました。

幸いにも二人の男性はほかの女性との話に夢中で見向きもせず、やたら薄暗い部屋を見回すと、照明にはピンク色のセロファンが貼られており、淫靡な雰囲気をかもし出していました。

女性は三十代が中心で、もしかすると四十代もいたかもしれません。

「大人のパーティは初めて?」

「あ、はい……そうです」

「私はマミ、よろしくね」

「誠也(せいや)です。こちらこそよろしく」

ウイスキーで乾杯し、渇いた喉をうるおしたあと、私はマミさんをじっと観察しました。

丸顔にくりっとした目、小さな鼻にふっくらした唇と、若いころはさぞかしもてただろうなと思わせるタイプで、外見だけなら人気のある風俗嬢と遜色なかったです。

　彼女はとにかくグラマーで、バストが前方にドンと突き出し、むちむちの太腿に牡の血がざわつきました。

「あの、このパーティにはよく参加してるんですか？」

「まあ、たまにね」

　まずは親睦を図るために問いかけると、マミさんは既婚者で旦那さんは単身赴任しており、暇を持て余しているうえに欲求不満とのこと。

　いまにして思えば、仕込みの女性だったのかもしれませんが、もちろん店側の事情などわかるはずもありません。

　彼女とは十五分ほど話したでしょうか。

　真正面に座っていた男性がとなりの女性にチケットを渡し、部屋から出ていきました。

　その五分後に残る一人の男性も同様の手順で部屋をあとにし、こちらの性欲にも火がつきました。

時間は九十分と限られているため、のんびりしている余裕はありません。すぐにでもチケットを渡そうかと迷う最中、斜め前に座っている女性も気になっていました。

彼女はほっそり体形でしたが、目鼻立ちがととのっており、真っ赤な唇が抜群のセックスアピールを漂わせていたんです。

「おふっ」

パンツの中のペニスが半勃起になった瞬間、マミさんが横から手を伸ばし、股間のふくらみをなでさすりました。

なんと積極的なのかと驚いたところで、しなやかな手がパンツのすそから侵入し、勃起を直接握られました。

横目で探ると、彼女は艶っぽい視線を投げかけ、豊満なバストを腕に押しつけながらペニスをシュッシュッとしごいてきたんです。

「ん、むむっ」

唇を奪われ、ねっとりした舌が口の中を這い回ると、もはや理性は吹き飛んでいました。

私はさっそくチケットをマミさんに渡し、腰を上げかけました。

「ちょっと待って……あ、いいわ」

一人目の男性が連れの女性と戻ってくると、彼女は手首をつかんで奥の部屋に導きました。

エッチ部屋は、どうやら二人までしか使用できないようです。

室内はまたもやカーテンで仕切られ、右方向のカーテンだけ開いており、三畳ほどのスペースにセンベイ布団が敷かれていました。

「こっちよ」

「は、はい」

中に促されたとたん、となりから女の喘ぎ声が聞こえ、ドキリとしました。

二番目に部屋を出ていった男性は、ちょうどセックスの真っ最中だったのでしょう。続いてバツンバツンと鈍い音が響きだし、私はあまりの衝撃に息を呑みました。

カーテン一枚を隔てて、男女の営みが繰り広げられている。

ふだんでは味わえないシチュエーションに、全身がカッとほてりました。

こちらも負けてられないと、妙なライバル意識が芽生えた直後、マミさんは首に腕を回し、ディープキスで性感をあおりました。

「ン、ンっ、ンぅぅ」

「む、むふぅ」

唾液をじゅっじゅっと吸われ、股間をまたもやなでられ、脳みそが沸騰するほどの昂奮に目眩を起こしそうでした。

長いキスが途切れると、マミさんはガウンに続いてショーツを脱ぎ捨て、ぶるんと揺れる乳房とヒップに男の欲望が頂点に達しました。

忙しなくシャツとパンツを脱いで全裸になるや、彼女はすぐさま腰をおろし、ペニスを舐めしゃぶりました。

「あ、お、おっ」

しょっぱなからのディープスロートに啞然としたのも束の間、ペニスが根元からもぎとられそうなフェラチオに腰骨がとろけそうになりました。

じゅぷじゅぷっ、じゅぱっ、ずちゅるるるるっ！

よだれまみれのペニスが照り輝き、胴体には太い静脈が無数に浮き上がりました。

「あ、す、すごい」

「ン、くっ、ンふぅぅ」

マミさんは鼻から甘ったるい吐息を放ち、残像を起こすほどのスライドでペニスに快感を吹き込みました。

射精願望が切羽詰まった状況に追いつめられ、あわてて下腹に力を込めたのですが、何の役にも立ちません。

「あ、も、もう……出ちゃいます」

我慢の限界を訴えた瞬間、彼女は口からペニスを抜き取り、いつの間にか手にしていた避妊具を亀頭に被せていきました。

「布団に寝て」

「あ、はい」

言われるがままあおむけに寝転ぶと、マミさんは腰を跨ぎ、垂直に起こしたペニスを股ぐらの奥に差し入れました。

「あ、ぐくっ」

「あぁン、あなたの……おっきいわ」

まともな前戯はしていなかったにもかかわらず、彼女の花園は愛液まみれで厚ぼったい肉びらが亀頭をぱっくり咥え込みました。

熱い粘膜の感触を受けたところで大きなヒップが沈み込み、ヌルヌルの膣肉がペニス全体を包み込みました。

「はあっ……気持ちいい」

マミさんはゆったりしたスライドから恥骨を前後に振りだし、ペニスをこれでもかと引き転がしました。

膣の中はすでにこなれていて、とろとろの柔肉がペニスにまんべんなく絡みついてくるんです。

熟女と肌を合わせたのは初めてのことだったのですが、まさかこれほど気持ちいいとは思わず、睾丸の中の精液が暴れまくりました。

「あ、あぁ……もうイキそうです」

情けなくも、あっという間に限界に達すると、彼女は腰の動きを止め、腕を引っぱりました。

「今度は、あなたが上になって」

「は、はい」

正常位は自分のペースで腰を振れるので、多少は長保ちしたかと思います。

「あぁン、いい、いいわぁ」

「む、むうっ」

最初はスローテンポのピストンで快感を味わっていたのですが、マミさんが下から腰をガンガンと突き上げ、自制心は瞬時にして粉々に砕け散りました。

どうせ射精するならと、最後は腰をがむしゃらに振り、スキンの中に大量の精液を吐き出したんです。

となりの部屋は静かになっており、ウエットティッシュで互いの性器を清めてから部屋に戻りました。

先に入っていた二人の男性は姿を消し、新しい客が一人加わっていました。

次にとなりに座った女性はかなりふくよかで、私のタイプではなく、やはりほっそりした体形の熟女が気になりました。

「ね、行かない?」

「い、いや、出したばかりなので……」

遠回しに断りを入れたのですが、ふくよかな女性は意に介さず、パンツの上からペニスをギュッギュッとわしづかんできたんです。

どうしたものかと思案するなか、私は腰を上げてほっそり体形の女性にチケットを渡し、再びエッチ部屋に向かいました。

彼女はキミコと名乗り、デザイン会社に勤めていると言っていた覚えがあるのですが、定かではありません。

とにかく見えない何ものかに背中を押されているような感覚で、頭の中はただやることしかありませんでした。

それでも一回射精したことで気分が落ち着き、今度は比較的余裕を持って対応できたと思います。

「ふふっ、やだ……戻ってきてすぐなのに、もうおチ〇チン勃ってるわ」

「あ、うっ」

二人とも全裸になると、キミコさんはさっそく抱きつき、柔らかい指でペニスをしごきました。

私も負けじと手を伸ばし、彼女の女陰を指でかきくじったんです。

「はあぁ、やぁ」

くちゅくちゅと淫らな水音が響くと同時に唇を合わせ、性器を延々とまさぐり合い、シックスナインの体勢から互いの性感を高めました。

「あぁン、舐めて、おマ〇コ舐めて」

「む、むふっ」

アーモンドピンクの陰唇を押し広げ、内粘膜やクリトリスを舐めていると、とろとろの愛液が滴り落ち、私は無我夢中ですすり上げました。

キミコさんはペニスをがっぽがっぽと舐めしゃぶり、掟破りのトルネードフェラが繰り出されると、射精願望はまたもや限界を突破してしまったんです。

「あ、はあぁン、いい、いいわぁ……もう入れて」

「は、はい」

鼻にかかった声を聞いていると、こちらもこらえきれなくなり、私は待ってましたとばかりに身を起こしました。

知らない間に避妊具が装着され、手際のよさにびっくりしたのですが、キミコさんが大股を開いて手招きすると、頭の中がピンク一色に染まりました。

濡れぬれの肉びらがアケビのように開き、内粘膜がうねるたびに愛液がこぼれ落ちました。

時間的にはまだ余裕はあったはずなのですが、私は獣のようにのしかかり、正常位からそり勃つペニスを膣の中に入れ、腰をガンガン振りました。

「あ、あっ、あっ、あぁあぁン」

「ぬおぉぉっ」

キミコさんは腰を派手にくねらせ、ペニスがジンジンしびれました。

こうして短時間の間に二回戦をこなし、私はさっぱりした顔でパーティ部屋をあとにしました。

シャワーを浴びに玄関口に向かったところで個室の扉が開き、着がえを終えた中年男性と二十代後半と思しき女性が出てきました。

この彼女が美形で、アイドルと言われても信じてしまうようなルックスの持ち主だったんです。

男性客は、いちばんの美女と個室でいちゃいちゃプレイを楽しんだに違いありません。

二人は私の目の前でディープキスを交わし、受付の三人の男はなぜか拍手喝采（かっさい）していたのが印象的でした。

悔しい気持ちはありましたが、どうにもならず、私は複雑な表情でシャワーを浴びてから店をあとにしました。

マンションを出たときに時計を確認したのですが、一時間二十分しかたっておらず、パーティに参加していたのは正味一時間ほどだったでしょうか。

おもしろい体験をしたとは思いましたが、慌ただしい感じがどうも性に合わず、その後は足が遠のきました。

それでも最後に目にした美女が頭から離れず、一年ほどたってから連絡したところ、すでに電話は使われなくなっていました。

絵画モデルで「見られる快感」に目覚めびしょ濡れマ◯コへの突き入れを欲して

鈴木智子　OL・二十七歳

私は二十七歳の都内の会社に勤めるOLです。ひょんなきっかけで、私は生まれて初めて絵のモデルになりました。それも、ヌードモデルです。

きっかけというのは、ある日会社の更衣室で先輩の女性社員である小池（こいけ）さんから私の体つきをほめられたことです。

「あなた、腰回りが締まっていて、ほんとうにスタイルいいわねえ」

私はまんざらでもない気持ちでした。じつはこのところジムに通っていて、その成果を認められたみたいでうれしかったんです。

そして小池さんはこう続けてきました。

「あなた、ちょっと、バイトやってみない？」

なんだろうと思って聞いてみると、小池さんの知り合いにプロの画家がいて、その方が女性モデルを探しているのだというんです。

「とにかくスタイルのいい人がいいって言ってたから、あなたならぴったりよ」

小池さんのほめ言葉に舞い上がって、私はその申し出を引き受けたのです。

そして初めてのバイトの日になりました。

「よろしくお願いいたします」

「ああ、よろしくです」

画家の横山さんとは、そのときが初対面でした。

横山さんは無精ひげを生やしていて、無口で、よく言えば芸術家タイプ、悪く言えばオタクっぽい感じの五十代の男性でした。

ちょっと、異性としては見れないなというタイプの男性です。

「こっちがアトリエで、あの中央でポーズを取ってもらいます」

横山さんが案内してくれた部屋は、天井の高い大きな白っぽい部屋でした。

「うわ……」

私は思わず声をあげてしまいました。

部屋に驚いたからではありません。その部屋には、たくさんの油絵や、未完成のデッサンのようなものが書かれたカンバスが置いてあったのですが、そのどれもが、裸の女性を描いた、いわゆる裸婦像ばかりだったからです。

そして絵の中の女性は、どれも美しく若い人ばかりでした。

そういえば、どんな絵を描く人なのかということについては、私は小池さんから何も聞いてなかったんです。急に緊張してきました。まさか、二人っきりのこの空間で、服を脱げと言われるんだろうか……。

横山さんはそんな私の不安を見透かしたように言いました。

「あまり緊張しなくていいですからね。無理なポーズや、変な格好をさせたりはしないからね」

その言葉に、私は胸をなでおろしました。

「じゃあ、そこのソファに寝そべってみて……手すりにもたれながら、正面を見るような感じで……」

「こんな感じでしょうか……」

何せ初めてのモデル仕事ですから、言われたままポーズをとるしかありません。

横山さんはソファにもたれた私を見て、少し手を添えてポーズを修正したりしました。手がふれたときには少し緊張して体がびくっと痙攣しましたが、これくらいで取り乱してはモデルは務まらないと思い、平静をよそおいました。

ポーズが決まると、横山さんは私の正面に真新しいカンバスを立てて陣取りました。そしてすぐに何かを熱心に描きはじめたのです。

絵を描く作業に入ると、横山さんは目つきも顔つきも変わりました。やはりその道のプロフェッショナルという感じで、男らしさを感じました。

なんだか惚(ほ)れぼれするほどでした。そんな横山さんの豹変ぶりを見て、私もなんだかスイッチが入ってしまったんです。上手く説明できませんが、横山さんの視線が自分の体に注がれていることに性的な興奮を覚えてしまったんです。

じっと同じ姿勢をとりつづけていると、催眠術か何かをかけられたような気持ちになって、体の感覚も鋭敏になってきました。

時間の感覚もなくなって、いったいどれくらい同じ姿勢をとっていたのかもわからなくなりました。その間ずっと、横山さんの熱い視線を感じていました。

思えば、こんなに男性から長時間見つめられるなんて、恋人からもなかったことです。絵のモデルというのは、視線を受け止める仕事なのだと思いました。

そして性的な興奮も、どんどん高まっていきました。スカートの下のアソコがじんじんと疼(うず)くのを感じていました。恥ずかしいのに、それを顔に出さずじっとポーズをとっているのは苦しさもありましたが、一種の快感もありました。

「はい、今日はここまで。どうもありがとうね」

「はああ……」

横山さんの声を聞いたとたん、私は全身の力がどっと抜けて、ソファの上に体を投げ出してしまいました。

「ふくらはぎや太腿はマッサージしたほうがいいよ」

横山さんはそんなアドバイスもくれました。

私は立ち上がって横山さんのカンバスを横切ったときに、ちらっと目に入った絵を見て、あっと声が出そうになりました。

そこにあったのは、まだ黒い線の、デッサンのような下書きのようなものでしたが、明らかに裸の絵だったんです。裸の私が描かれていたんです。

でも、よく考えれば、本職の画家さんが人体を描くときには服の下の体から描くものなのかもしれないと思いなおして、気にしないことにしました。

「はい、これは今日の謝礼」

横山さんが封筒包みを渡してきて、とりあえずバイトの初日は終わりました。

家に帰ってから封筒を開けて、驚きました。そこには私が予想していたよりもずっと大きな金額のお金が入っていたからです。

そして夜になってベッドに寝たあとも、モデルをしていたときの興奮の熱が体の芯に残っているような、不思議な気分に包まれていました。

ものすごく熱心に、私の体を見ていたな……腰つきも……太腿も、足も……そんなことを考えて横山さんから受けた視線の感触を反芻(はんすう)していると、昼に感じた性的な興奮が再びよみがえってきたんです。

股間がどうにも疼くので、もしかして……と思ってそっと下着の中に指先を入れてみると、そこは案の定、濡れていたのです。それも、思った以上に……。

一度ふれると、ますます奥から溢れてきて、止まらなくなりました。

ちょっとだけ……そう思いながら、私は人差し指と中指を使って肉ひだの内側をなぞるように、上下に動かしたんです。指はすぐにぬるぬるになりました。

想像していたのは、もちろん横山さんの視線でした。服の上から見られただけでもこんなに興奮してしまったんだから、もしもじかにこうしてあそこを見られたら、もっともっと濡らしてしまうに違いない……そんなことを考えながら指を動かしていると、もう絶頂するまで指を止めることができませんでした。

「あん、あっ……！」

その晩、私はベッドの中で二回も、自分の指で果ててしまったんです。

そんなことがあったので、モデル二回目のときには、私は恥ずかしくて横山さんの顔を直視できないほどでした。しかし頼まれた以上は、作品が出来上がるまで続けなければなりません。私は前回と同じ姿勢でソファに横たわりました。

横山さんは描きはじめてすぐに「しまった」という顔になりました。

「そうか、連絡し忘れたな……今日はスカートではなくてぴったりしたパンツルックで来てほしかったんだ……」

失敗したという表情で横山さんが頭をかきます。

「パンツルックですか……？」

「うん、体のラインがしっかりと、わかるようにね……」

途方に暮れたような横山さんの顔を見ていると、私は自分でも予想もしなかった言葉が、つい口をついて出てきてしまったんです。

「あの……もしよければ私、スカートを脱ぎましょうか……？」

自分でもなぜそんなことを申し出てしまったのか、よくわかりません。

もしかしたら前回高額のモデル料をもらったことで、モデルとしての職業意識のようなものが私の心の中に芽生えていたのかもしれません。あるいは、横山さんに「自分の肉体を見られたい」という意識があったのかもしれません。

私の申し出に、横山さんは驚きながらもよろこんでくれました。

「そうしてもらえると、すごく助かる。うれしいよ」

こうして、私は横山さんの前でスカートを脱いだんです。

黒いパンティが透けて見える、ストッキング姿になりました。

もちろん恥ずかしかったけれど、それ以上に、芸術のために犠牲になる自分に酔っているような心地よさもあったのです。

私はその姿で、前回と同じ姿勢でソファに身を横たえました。そして横山さんも前回と同じように、私に視線を向けながら絵筆をとったんです。

横山さんの視線は、前回以上に私の肌に刺さりました。

やはり、スカートを脱いで体を露(あらわ)にしているせいで、感覚がより研ぎ澄まされるんです。特に、腰からお尻にかけてのラインに横山さんの視線が注がれているのを感じると、体が小さく痙攣するほどの興奮を覚えました。

あの日の晩、横山さんに性器を見られる想像をしてオナニーをしてしまったという事実が、さらによくなかったのかもしれません。体の奥にずっと疼きを感じながら、私は平静をよそおってポーズをとりつづけたんです。

何十分がたったのか、よくわかりません(同じ姿勢でいると、時間の経過がほんとうにわからなくなるのです)が、横山さんが私にこう問いかけました。

「申しわけないんだけど……上半身も、下着姿になってもらうことは可能かな」

私はとまどいました。でも下半身がこんな姿になっているんだから、かえって上半身も脱いでしまったほうが恥ずかしくないような気もしたんです。

「だいじょうぶです、私、脱ぎます」

そう言って、私はソファに座ったまま身を起こし、着ていた薄手のセーターを脱ぎました。セーターの下は、パンティとお揃いの黒いブラという姿でした。

黒い下着とのコントラストで、自分で見ても肌の白さが際立ちました。こんな煽情的(せんじょうてき)な姿を、まだ会うのが二回目の男性の前でさらすなんて、異常なことだったかもしれません。でも、そのときはそうすることが自然に思えたんです。

私はポーズを取り直して、ソファに身を横たえました。

横山さんの視線を、さらに強く肌に感じました。服越しではない、突き刺さるような直接的な刺激を感じました。

カンバスに絵筆を走らせる横山さんの鬼気迫る視線が、ただ自分一人にだけ注がれていると思うと、背中がぞくぞくすると同時に体が奥からほてってくるような奇妙な感覚に襲われました。

まずい……と私は思いました。パンティの奥が、激しく疼いてきたのです。

「すみません……少し、お手洗いに行かせてもらっていいですか……」

私はそう言って、トイレに行かせてもらいました。

トイレに入ってパンティをおろすと、おま〇こと股の部分の布が糸を引くほど濡れていました。まるで、おもらしをしてしまっているみたいでした。

でも、横山さんのモデルを辞めたいとは思えなかったんです。

トイレットペーパーでできる限りおま○この蜜をぬぐって、パンティもきれいにして、私はアトリエまで戻りました。

横山さんは、私を見つめてじっと立っています。

そして無言のまま、私の手をつかんで、反対の手で私の股間に、パンティ越しにふれてきたのです。

「ああっんっ……！」

私の敏感な部分は、さっきふいたばかりなのにすっかり濡れていました。

横山さんは黒いパンティをずり下げて、指先を侵入させてきました。

直接ふれられると、私の脚は自分を支えきれないほどにがくがくと揺れてしまいました。

「こんなに濡らして……カンバス越しに見ていても、興奮しているのがはっきり伝わってきたよ」

横山さんに耳元でささやかれると、もう抵抗はできませんでした。

私は横山さんの肩にしがみついて、されるがままにおま○こをさわられました。

おま〇こだけではありません。横山さんは、私のブラの肩ひもに顔を近づけてきました。そして肩ひもを口で咥えて、ゆっくりと脱がしてきたんです。

「ああ、ん……」

無抵抗な私の乳房が、黒いブラからこぼれ出ました。

「乳首がすごく赤くなってるね……こんなにとがって……」

横山さんの視線が、私のおっぱいの先端に注がれます。離れた距離でも突き刺さるようだったあの視線が、至近距離で注がれているんです。

視線が、乳首にふれているようでした。横山さんは手のひらで、私のおっぱいを下から支えて持ち上げるようにふれてきました。

「大きいね、Eカップくらいかな……?」

私はうなずきました。そのとおりだったんです。さすがは画家の観察眼だと思いました。横山さんは私のすべてを見透かしているんだと思いました。

こんな人に逆らうことはできないと、私はそのとき覚悟を決めたんです。

横山さんの唇が、私の乳首に近づいてきました。そしてついに乳首が唇の中に吸い込まれた瞬間、私は声にならない悲鳴をあげました。

こんなに感じるなんて……。明らかに、これまで男性から受けた愛撫のなかでも最高に感じてしまいました。ただ乳首を吸われただけなのにです。

パンティの中でおま○こをいじっていた横山さんの指先が、ゆっくりと私のお尻のほうへ回って、脇腹のラインをなぞるように徐々に上に上がってきます。

そして両手でおっぱいのやわらかさを確かめるように、円を描くようにもんできました。乳房が動くのに、吸われている乳首は固定されたままなので、よけいに乳首が感じてしまうんです。

「あ、ん、あは、あ……」

自分の口から洩れる吐息がどんどん大きくなっていくのを、止めることができませんでした。

横山さんの愛撫は、けっしてあせらず、ゆっくりすぎるほどの動きでした。

でもそれが、じらされているようで、次に何をされるのかたっぷり想像させられて、実際にさわられたときに快感が何倍にもなってしまうんです。

画家だけあって、横山さんの指先は繊細でした。

私の体のラインをなぞるように、指先が肌の上をすべっていくんです。

女性の体の特徴的な部分、腰のくびれや乳房の下の部分が描くカーブを、まさに絵を描くようになぞっていくんです。

自分自身が横山さんの描く絵そのものになった気分でした。

横山さんは乳首を舐めながら舌を上に移動させ、首筋まで到達しました。

さっきまで指でしていたように、今度は舌先で私の体のラインをなぞったのです。そして唇に到達すると、私と熱く舌を絡ませ合いました。

「ん……んん……」

横山さんは私の頭に手をやって、今度は私の顔を下に移動させせました。横山さんの胸元まで私の顔がくると、横山さんは自分で服を脱ぎました。さっき自分がしていたように、乳首を舐めろという意味だと私は思い、そのとおりにしました。

「う、む……」

横山さんのため息のような声が聞こえてきます。横山さんの乳首が興奮して硬くなってくるのがわかります。横山さんは私の頭をさらに押さえつけて、私は横山さんの前にひざまずいて、目の前に横山さんの股間がある状態になってしまいました。

横山さんのそこは、ズボンの上からでもわかるほど大きくなっていました。もう我慢できない……私はそう思って、横山さんのズボンを脱がしました。下着をめくると、バネ仕かけのようにおち〇ちんが飛び出してきました。

「すごい……こんなの……」

私は両手のひらで左右から挟むようにおち〇ちんを支えると、口の先でそっと先端にふれました。先端の穴から透明な汁が垂れていたので、私は舌先でそれをぬぐいとるように舐めました。それから肉の棒全体を舐め回したんです。

興奮が止まらなくなって、よだれが大量に出ました。じゅぱ、じゅぱといういやらしい音がアトリエに響き渡りました。自分が立てる音に興奮して、さらに舌づかいが激しくなっていきました。

私は横山さんを舐めながら、自分で自分の性器にそっとふれてみました。茹(ゆ)だったように熱くなっていて、おもらししたみたいに濡れていました。指先を入れると気持ちがよくって、出し入れする動きを止められなくなりました。

私は横山さんのおち〇ちんを根元まで咥えて、吸い込むようにしながら頭を後ろに引きました。そしてまた根元まで咥えて、それを何度もくり返したんです。

自分からこんなに大胆に、男性を責めたことはありません。

モデルになって横山さんに見られたから、こんなふうになってしまったんだと思います。もう私は、以前の私ではなくなってしまったんです。

私はおち〇ちんから口を離して、思っていたことを素直に言いました。

「すみません、お願いです……私のあそこを、見てほしいんです」

横山さんは私の言いたいことをわかってくれて、無言で私を抱きかかえてソファに座らせました。そして私の両脚を広げて、その間に顔を近づけたんです。

ああ、見られている……私の全身が、武者震いのように震えました。

こんなに明るい場所でカエルみたいに脚を広げて、お尻の穴まで見えるような状態でこうして見られるのは、もちろん初めてのことでした。横山さんの目には、たぶん、ぱっくりと開いた穴の奥まで見えていたと思います。

「すごく敏感になっているね……」

横山さんはそうつぶやくと、舌先を伸ばしてクリトリスをついてきました。

「あっ、ぐう……！」

あまりに気持ちよくて、おかしな声が出てしまいました。横山さんは顔を斜めにして、唇で私の肉ひだを咥えて引っぱるようなことまでしました。横山さんはそうやって、私の濡れた肉ひだを左右に広げたんです。

奥まで見られてるんだ……奥の奥まで……。

そう考えると、私の頭はオーバーヒートしたように真っ白になりました。

私は完全に「見られること」に目覚めてしまいました。

以前はセックスするときには電気を消してからじゃないといやだったのに、まるで反対になってしまったんです。

モデルを引き受けただけなのに、自分の中の性癖に目覚めてしまったんです。

横山さんの舌はねちっこく、おま〇この形状を確かめるように舐め回してきました。舐めていない部分がどこもないというくらい、丹念に舐められました。

私はもう、最後までいくしかないという状態でした。そしてそれは横山さんも同じだったんです。ソファの上で、私は今度はうつ伏せになりました。そしてお尻を大きく掲げるように突き出して、横山さんに向けたんです。

「お願いです……見て……来て……！」

こんな、お尻の穴まで丸見えになってしまう恥ずかしい格好を、自分からしたのは初めてのことです。横山さんは私のお尻の肉に指を食い込ませるようにしっかりとつかんで、私のあそこにペニスをあてました。

「はやく……ああんっ……！」

横山さんは、これまでの愛撫のゆっくりさが嘘のように激しく腰を振ってきました。挿入されたと思った瞬間、いきなりトップギアの激しさでした。

ソファの上で、私の全身ががくがくと揺さぶられました。お尻にぶつかる横山さんの腰が、大きな音を立てました。

真っ白で天井が高く、解放感のあるアトリエの中で、横山さんは獣のように激しく私の肉体を犯したんです。

「ぐふ、ん……」

横山さんが後ろから、私の口の中に指を突っ込んできました。私はその指もべろべろと舐め回しました。横山さんの腰の動きがいっそう激しくなりました。

「もう……イク……」

かすれた声で私がそうつぶやくのとほとんど同時に、横山さんも私の中で熱いものを撃ち放ったんです。

アラフォー人妻合コンでお持ち帰りされ美熟女の濃厚なセックスで骨抜きに……

大竹輝希　会社員・四十五歳

これは私がまだ大学三回生で、二十歳を超えたばかりだったころの話です。

授業の単位もあらかたとってしまい、就職活動についてもたいして深刻には考えていなかった私は、大学での悪友と遊び歩いていました。サークル活動をしてないせいもあり、バイトがない日は暇を持て余していたのです。大学も、麻雀相手か飲みにいく相手を探すほうが、目的になっていました。

そんな生活ですから、いちおうカノジョというものがいたにもかかわらず、悪友とナンパや合コンに精を出していたことは言うまでもありません。もちろん、成功率は高くなかったのですが。

当時は年下からせいぜい同年代、ロリコンとまでは言いませんが、大人っぽい女性よりも妹系のかわいいタイプが好みでした。ゼミがいっしょで知り合ったカノジョも、とても女子大生とは思えないほど、子どもっぽい感じの娘でした。

あの日は前期試験が終わったばかりで、夏休みはみっちりバイトのシフトを入れるか家でのんびり過ごすか迷っていた、初夏のことだったと記憶しています。当時、若者にもすっかり普及していた携帯電話に、いちばん仲のよかった悪友のケンジから合コンの誘いが入りました。

最初こそ大乗り気の私でしたが、くわしく話を聞いて気持ちがしぼんでいきました。というのも、合コンの相手は三十代から四十代、いわゆるアラフォーの人妻ばかりだというのです。ケンジがバイトをしている公認会計士の事務所の奥さんと、冗談まじりに大学生活の話をしていたところ、先方がその気になってしまったとのことでした。

正直に言って、私は乗り気にはなれませんでした。そもそも年上はタイプではなかったし、話が合うわけありません。ただ気をつかって疲れるだけの飲み会になると、容易に予想できました。

電話越しにそんな気配が伝わったのでしょう、それでもケンジは必死に頼み込んできたのです。

「予定が合わなくて、メンバーが集まらないんだよ。バイト先でのオレの立場もあるし、顔を立てると思って頼む！　次は今回の埋め合わせに、女子大生との合コンをセッティングするからさ」

さらに、合コンの費用は相手が持ってくれると聞き、私は暇潰しとタダ酒目当でやっと行く気になったのです。なんでも、お相手の人妻たちの夫は、社長や医者、弁護士、それに会計士で、余裕のある暮らしをしているとの話でした。


当日、道に迷いながら指定された合コンの会場に着いた私は、面食らいました。いつも自分たちが使っていたようなチェーンの居酒屋ではなく、落ち着いた雰囲気の高級店です。洗練された物腰の従業員に、奥の個室へと案内されながら私は、自分が場違いなところに来てしまった気分になりました。同時に勘定のことが不安になりましたが、今日は相手持ちだと思い出し、ホッとしたのを覚えています。

個室に入ると、私以外の参加者はすでに集まっていました。

「遅いよ。もう来ないかと思ったぞ」

椅子に腰かけた私に、幹事役のケンジがとがめる口調で私に言います。

「悪い悪い、道に迷っちゃってさ。まさかこんな高そうな店だと思わなくて、前を行ったり来たりしちゃったよ」

「とにかく、これで全員そろったわね。じゃあ、乾杯しましょ」

おそらく、ケンジのバイト先の会計事務所の奥さんなのでしょう、ブランドものらしいワンピース姿で、おっとりとした感じの色っぽい女性が、ニッコリと笑いました。

自分も入れて四対四の計八人、長テーブルを挟んでシャンパンのグラスを合わせます。そのあとは簡単な自己紹介となったのですが、女性側は名前だけで、くわしい素性（すじょう）は明かしませんでした。もっとも、私も含め合コン仲間の男性陣はいつもと違う高級な酒や料理、なによりも年上の女性陣に緊張して、それどころではありませんでしたが。

それでも飲み慣れないシャンパンからスコッチの水割りに替えたあたりで、酔いが回りはじめてリラックスした私は、やっと相手を観察する余裕ができました。

四人全員が美人というだけではなく、誰もがなんともいえない魅力の持ち主です。よく見れば年齢相応なのでしょうが、巧みなメイク技術や、服装の上からもわかる柔らかに成熟した体とただよう艶っぽさは、若い娘にないものでした。そして皆に共通していえたのは、誰もスタイルの崩れた女性はいないという点です。さすがに生活に余裕があるので、自分の体に投資をしているのでしょう。

とにかく女優などを除けば、それまで自分が抱いていたアラフォー女性のイメージとは大違いで、これはこれで魅力的だなと思わせられました。

とはいっても、年齢的なものやいままでふれたことのない店の雰囲気にどうしても萎縮してしまい、ふだんの合コンと違って積極的に出ることができませんでした。ほかのメンバーも同じだったようですが、女性側のペースで進んだ合コンは、気がつくと、それぞれ話の合いそうな相手と隣り合わせになっていました。

いつの間にか私の隣にも、自己紹介のときに美由紀と名乗った女性が座っていました。

ショートカットの美由紀さんはクールビューティーといった感じのルックスで、女性にしては背が高く、どことなくプライドの高さを感じさせました。淡いピンクの半袖ニットに羽織ったジャケットは、素人の私の目にも仕立てのよいものとわかり、それがまるでその服のモデルかと思わせるほど彼女に似合っていました。

「輝希クンっていってたわよね？　このあと、どうするの？」

「え？　家に帰りますけど」

この合コンの話があったときから、相手とそれ以上の進展を考えてなかった私は、素直に答えたのでした。いま思うと、間抜けな回答だったと思います。

「ふーん、キミ、案外まじめなのね」

つぶやくように言った美由紀さんは、そのとき、弄んでいたフォークをわざとらしく落としました。

「あっ、広いましょうか？」

「わざわざ尋ねなくても、こういうときは男性が拾うものよ」

そして、テーブルにもぐり込むようにしてフォークに手を伸ばす私を、パンプスの爪先が意味ありげにつつきます。美由紀さんの伸びやかな脚を気にしながら振り向いた私は、次の瞬間、それ以上に衝撃的な光景を目にして息を呑みました。

テーブルの下の薄暗闇の中、ケンジのズボンのチャックから剝き出しになっていきり立ったペニスを、隣に座った会計士の奥さんが指先で愛撫していたのです。

「!」

あわてて姿勢を戻した私に、美由紀さんは平然とした表情で言い放ちました。

「つまり、今夜はそういうことよ」

「でも……」

「私は、あなたが気に入っちゃった。ついてらっしゃい」

美由紀さんはこちらの返事も待たずに立ち上がりました。私としては、わけもわからずあとにしたがうだけです。


そもそもこの合コンでいちばん乗り気だったのは会計士の奥さんだったと、美由紀さんからタクシーの中で聞かされました。どうやら以前からケンジを気に入っていて、すきあらばと狙っていたところに、雑談で合コンの話が出て飛びついたのだそうです。

私はといえば、そんな話をする美由紀さんの横顔を眺めつづけていました。

あらためて考えてみると、いつもは自分のほうがなんとか女の子を連れ出そうと苦労していた立場なのに、まるで立場が逆になっているのが不思議な気分でした。

それよりも、それまでまるで対象外のはずだったアラフォー美由紀さんに対して欲情し、期待している自分が不思議だったのですが。あるいは、ケンジと会計士の奥さんのあんな光景を見せつけられたことで、興奮に火がついたのかもしれません。

やがて、タクシーは都内の繁華街を過ぎた先の、高級住宅街で停まりました。

「え、ここが美由紀さんの家ですか?」

目の前の豪邸に、私は目を疑いました。

「旦那は仕事だなんだって月に一週間もいないから、こんな広い家にひとり暮らしみたいなものだけど。車がないから、旦那は今夜も出かけているはずよ」

タクシーの勘定をすませた美由紀さんは、リモコンキーを使って玄関を解錠すると、さっさと家の中に入っていきます。ホテルなどではなく自宅に男を連れ込むとは大胆だなと思ったのですが、彼女の言葉にやっと私は安心しました。

豪邸に足を踏み入れた私は、高い天井からシャンデリアが下がり、高価そうな絵や置物などが飾られている豪華な内部にも驚かされます。

「私は支度があるから、キミは先にシャワーを浴びてらっしゃい。あとはこの廊下の奥の寝室で待っていて」

やはり美由紀さんもその気なんだと知って、私の胸の鼓動は高まりました。

大理石造りの浴室でシャワーを浴びた私は、用意されていたバスローブを羽織ると寝室に向かいました。下には、トランクスだけしかつけていません。

高級ホテルのスイートルームを思わせる広い寝室には、毛足の長い絨毯が敷きつめられ、中央には大きなベッドがありました。

「全部脱いで。そして、ベッドには上がらないで、その場に横になって」

背後からの声に振り返ると、やはりシャワーを浴びたらしい美由紀さんが、バスローブ姿で立っていました。

合コンのときから、まるで催眠術にでもかけられたようになっていた私は、素直にしたがって、ベッドを横目に絨毯の上であおむけになります。すると歩み寄った美由紀さんは私の右手をつかみ、バスローブのポケットから出したものを手首にはめました。

「え？　何を？」

それは金属製の手錠でした。彼女は手錠の空いた片方を、大きなベッドの脚に固定してしまいます。さらにもう一つ手錠を取り出すと、私の左手も同じように固定しました。

「若い男の子はガッガツして、すぐにしちゃおうとするから、つまらないのよ。じっくりと時間をかけて楽しまなくちゃ」

数歩離れた美由紀さんは、体の自由を奪われた全裸の私の目の前で、バスローブをゆっくりと脱ぎはじめ、足もとに落とします。美由紀さんもその下には、何も身につけていませんでした。

服の上からも想像できたとおり、まったくぜい肉のついてないスタイルに、意外に盛り上がりツンと上を向いたピンクの乳首が、まず私の目を奪います。

長い脚のつけ根の茂みは艶やかな茶色がかっていて、白い地肌が透けて見えるほど薄いものでした。もしかしたら、その部分も手入れをしていたのかもしれません。

成熟しながらも均整のとれた彼女の肉体は、これまで相手した若い女性のものとは、まるで違っていました。ある種の美術品に近い印象で、男としてすぐにでもふれたい欲求に襲われました。体の自由を奪われていましたが、あの部分が大きく起き上がっていたのは言うまでもありません。

そんな私を見おろしていた美由紀さんは、頬にえくぼを作り、歩み寄りました。そして、なんともいえない微笑を浮かべたまま、私のかたわらに体を横たえると、硬くなったモノを軽く握ったのです。

「なかなか立派じゃない。すごく楽しみだわ」

私の耳元に顔を近づけてささやいた美由紀さんは、唇を軽く合わせると頭を移動させました。

「うっ！」

すぐに温かくぬめぬめとしたものが、私の乳首を刺激しました。美由紀さんの突き出された舌先が、私の乳首をつついたのです。くすぐったさと快感の混ざった感触に、私は反射的に身をよじり逃げようとしましたが、手錠のせいでそれはできませんでした。

「ふふふ、かわいいわね」

私の反応に気をよくした美由紀さんは、舌先を移動させます。舌だけではありません、美由紀さんはふれるかふれないかという微妙なタッチで指先をすべらせ、私の体じゅうをなで回しました。

私のペニスは限界まで硬くなり、痛みさえ感じるほどでした。けれど美由紀さんの指先や舌先は周囲を這い回るものの、ペニス本体にけっしてふれようとはしないのです。

三十分ほどでしょうか、そんなふうにじらされつづけた私は、ついに哀願の声を出してしまいました。

「美由紀さん、お願いです！　もう、我慢できそうにありません！」

すると美由紀さんは顔を上げ、微笑を浮かべました。

「これでイッちゃう男のコも多いんだけど、ここまで我慢できたキミは、かなり優秀だわ」

「もうイカせてください！」

「キミも、どうせだったら私の中でイキたいでしょ。だったら、もう少しだけ動かないでいて」

そうささやいた美由紀さんは、私の体の上に跨ると、クルリと向きを変えました。いわゆる、シックスナインの体勢です。それでも美由紀さんは、ペニスに顔を近づけるものの、フェラチオはおろか指でふれようともしません。ただ、ときどき、彼女の吐息を感じたペニスが、私の意志とは関係なく、ビクンビクンと小刻みに震えるのがわかります。

一方で私の目の前には、美由紀さんのあの部分の光景がありました。すべすべとなめらかな脚の中央に、薄い茂みに囲まれた、赤みがかったピンク色の粘膜が軽く口を開けています。その粘膜の谷間の合わせ目には、とがり気味の敏感な突起の先端が鞘から半ば露出しているのが見てとれました。

ペニスへの愛撫をじらされ、さらにそんなエロチックなものを見せられた私の興奮は、もはや限界に達しました。男の本能とでもいうのでしょうか、懸命に首を起こし舌先を限界にまで伸ばして、その部分に届かせようと試みます。

ところが美由紀さんは、私のそんな気配を感じると、すっと腰を浮かせてしまうのでした。ここでも彼女は、私をじらしたのです。

「美由紀さん、もうオレ、おかしくなっちゃいます！」

「ふふふ、だったらキミはどうしたいの？」

悲鳴に近い声をあげた私に、彼女は笑いを含んだ声でこたえます。まるで、弱った鼠をいたぶる猫のようだと思いながら、私は懇願しました。

「美由紀さんのアソコを……オマ○コを、舐めさせてください」

「キミのほうが舐めてもらいたいんじゃなくて、私のアソコを舐めたいの？」

「いま、舐められたらすぐイッちゃいます。だったら、さっき言われたとおり、美由紀さんの中でイキたいんです」

「キミは、私の言うことを素直に聞くいいコね」

すぐに私の顔の上に腰をおろした美由紀さんは、自分から押しつけるようにして、細かく前後させます。私もそれにこたえて、懸命に舌を動かしました。

やがて、彼女の粘膜からねばり気の強いぬめりが溢れ出したのがわかりました。ベトベトになった私の顔や口の周りに、美由紀さんの匂いが広がります。

考えてみると、ふだん、若い女のコを相手にしているときとは、まるで立場が逆になっていました。混乱からか私は、もう何も判断のつかない状態で、美由紀さんのなすがままです。

と、また腰を浮かせて上から私を見おろす姿勢になった美由紀さんが、少しかすれ声で言いました。

「そろそろ、私も欲しくなっちゃった」

そして、やっとペニスを握られた感触が伝わったかと思うと、美由紀さんは自分のぬめった部分にあてがい、腰を沈めたのです。

「うあっ！」

たまらず私は、喘ぎ声を洩らしてしまいました。じらしにじらされて、これまでにないほど怒張したペニスが、美由紀さんの柔らかい粘膜に包まれた快感に、自然と声が出てしまったのです。

まるで、ふだんのセックスとは逆に、女性の美由紀さんに男性の私が犯されている錯覚に陥りました。

「どう？　気持ちいい？」

そんな美由紀さんの問いかけにも、私はまともに答えることができず、喘ぎながらただガクガクとうなずくことしかできません。

「ううっ、こんなの初めてです！」

美由紀さんの熱い内部は、収めたペニスを絞り上げるように動きます。けれど彼女は、腰を動かしていません。

「私のアソコ、感じると内側が勝手に動いちゃう……あぁっ！」

そう言うと美由紀さんは苦悶に似た表情で息を吐き、私の上に突っ伏して体をガクガクとふるわせました。同時に、私のペニスも限界を迎え、美由紀さんの中にドクドクと大量の精子を注ぎ込みます。

「ああっ、美由紀さん！」

「いいっ！　キミは最高よ！」

その瞬間、私はこれこそがほんとうのセックスだと感じました。

ただ私が一方的に動きそれで満足していた、若いコを相手にしたこれまでのセックスはまちがいだったと、初めて思ったのです。

そんな年上女性との夜を境に、私はすっかり彼女にメロメロになってしまいました。美由紀さんと私は、完全に主従関係になっていたと言ってもいいでしょう。

濃厚なセックスの快感と引き換えに、美由紀さんにじらされ、ときに屈辱的な扱いさえも受けるようになった私は、自分のほんとうの性癖に初めて気づかされた格好です。

それからも同年代の若いコとベッドをともにすることはありましたが、どうしても何か物足りない気分になってしまいました。そして、美由紀さんからの呼び出しを心待ちに、悶々とする日々を送ったものです。

大学に在学中は、美由紀さんとそんな関係を続けていた私ですが、卒業を機に彼女のほうから別れを告げられました。

「キミは優秀だったから、ちょっともったいない気もするけど、いつまでも私に溺れてちゃダメよ。私は、次の若い男のコを探して教育するわ」

と笑った美由紀さんのそのときの表情は、死ぬまで忘れないと思います。

第二章
衆人環視のなか
男幹に狂わされていき

自分ではない女を貫く夫に嫉妬しながらよその男のペニスでイキまくってしまい

武田直子　主婦・五十歳

夫婦交換をやってみようと言い出したのは、もちろん夫でした。私たちは結婚二十年になる夫婦で、ひとり息子が大学に通うのに家を出て、いまはふたり暮らしです。もちろんセックスレスですが、五十歳を越えればどこの夫婦もそれが普通のことだと思っていました。女にも性欲はある、みたいな話も耳にしますが、少なくとも私にとってはそういうことはなく、特にさびしいとも欲求不満だとも思っていませんでした。ただ、夫はそうでもないみたいで、パソコンでネット上のエッチな動画を検索したり、風俗店にも行ったりしているようでした。私としては、それは気分よくありませんが、見て見ないふりというか、家庭に問題を持ち込まない範囲なら、目をつぶるという態度でした。

そんなネット検索でたどり着いたのが、その夫婦交換のサイトだったらしく、そこでいろんな人と情報交換したりして、自分たちも参加したいと思うようになったようでした。私としては、そういう人たちがいるということにまず驚いてしまいましたし、そんな変態行為に自分が参加するなんて、とんでもないと思いました。もちろん即答で拒絶しましたが、夫はあきらめませんでした。思い出したようにその話題を振ってきて、しつこく私を誘うのでした。

あるとき、プレゼントだと言って指輪を買ってきて、誕生日でも結婚記念日でもないのになんで？　と喜ぶよりまずいぶかしむ私に、夫は、プレゼントで機嫌をとって夫婦交換に参加させようという魂胆だったと白状したのでした。あきれてモノも言えないとはこのことでしょう。そこまで言うならと、一度だけの約束で参加することになりました。けっして指輪で釣られたわけではないのですが、夫の真剣な様子に、断りつづけるのが申しわけなくなったというところでしょうか。

結果から先に言いますと、それはすばらしい体験でした。お相手のご夫婦がいい人たちだったというのもあるのですが、快楽とはこういうことかと、これまで何年も(十年以上です)性の悦びを放棄して生きてきたことを後悔するくらいでした。

お相手のご夫婦の佐藤(さとう)さんは、お二人ともまだ三十代でしたが、ずいぶん慣れてらっしゃるようで、初めての私たちを指導してくれました。私たちは都心のホテルで待ち合わせ、四人で食事をしてからダブルの部屋に移動しました。部屋は余裕のある広さで、セミダブルのベッドが二つ並んでいました。まずシャワーを浴びて、あらためてルームサービスのワインで乾杯しました。

ソファセットに向かい合い、気がつけば奥さんが夫の隣に座っていて、佐藤さんが私の隣にいて、肩に腕を回していました。バスローブの襟元から佐藤さんの手が侵入してきました。

私は思わず身を固くして、夫のほうに目を向けました。すると、夫の膝頭をなでていた奥さんの手は、すでにバスローブのすそから夫の股間へと差し入れられていて、その指先はどうやらペニスを探り当てているようでした。自分だけのものであったはずのペニスが、ほかの女の指で弄ばれているのです。しかも私よりひと回り以上も若い女です。

私はカッと頭に血が昇るのを感じました。夫も私を見て、二人の目が合いました。私の責めるような視線に、さすがにバツが悪そうに苦笑いを浮かべましたが、本気で反省している様子はありませんでした。当然と言えば当然かもしれません。そのときにはすでに佐藤さんの手は私の乳房をもみしだいていて、指先で乳首をつまんで、くりくりと愛撫していたのですから。

夫以外の男の人の手で、乳房をもまれるのはいつ以来でしょうか。結婚前、学生時代につきあった彼氏が相手ですから、もう二十年以上昔の話でした。久しぶりすぎて、すでに思い出せない感覚でした。そして佐藤さんもまた、夫よりひと回り以上は若いのです。背徳感は半端ないものがありあした。

「あの、ちょっと……」

私は身をよじって佐藤さんの手から逃れようとしました

「どうしました？　痛いですか？」

それどころか、愛撫としては的確で最適なものでした。若くても私や夫よりも経験が豊富なのかもしれません。

「おじょうずなんですね……」

「ということは、気持ちがいいってことですね？」

そんなふうに言われて、なんとこたえればいいのでしょうか。私は、夫を気にしてまた目を向けました。すでに奥さんは、夫の股間に顔を埋（うず）めて、フェラチオを始めようとしていました。

少なからずショックでした。夫のペニスを、私以外の女が口づけるなんて。許せることではありませんでした。

制止する間もなく、奥さんは夫のペニスにちゅっとキスをして、舌を出してぺろりと舐め上げました。夫が快感の溜息をつき、気をよくした奥さんはさらに舌を這わせて、夫のペニスを舐めしゃぶります。やがて大口を開けて亀頭をまるごと咥え込みました。夫はと言えば、こちらに目を向けることもなく、フェラチオする奥さんの口元を凝視しているばかりでした。

「やはり、気になりますか？」

佐藤さんが言いました。

「あ、ごめんなさい。こういうことに慣れていないものですから……」

考えてみれば、行為の途中でよそ見ばかりしているのは失礼なことかもしれません。

「いいんですよ。無理もありません。ゆっくり慣れていけばいいんです」

佐藤さんは優しくそう言って、私のおっぱいから手を離しました。そのがっつかない紳士的な感じが、とても好ましく思えました。結局、私と佐藤さんは並んで、私の夫と佐藤さんの奥さんがセックスするのを見ていました。二人はベッドに移動して、私たちが見ているのをほとんど無視するように、激しく抱き合いはじめました。

「ねえ、来て！　入れて！」

奥さんが誘い、夫は誘われるままに奥さんの豊満な肉体におおいかぶさり、正常位で挿入しました。奥さんは敏感に反応してのけぞり、喘ぎ声をあげて、下から夫に抱きついて唇をむさぼるようにキスしました。

私にとっては、つらい時間でした。そのまま死んでしまうくらいのつらさでした。嫉妬(しっと)で胸が張り裂けそうでした。気がつくと私は泣いていました。佐藤さんは優しく私の肩を抱いて、頬に唇をつけて涙を舐め取ってくれました。

私は、キスにいやされ、自分からその唇に自分の唇を押しつけていました。彼の手が再び襟元から差し込まれて、乳房を愛撫しはじめました。

今度は私も抵抗することなく、その愛撫を受け入れました。じんわりと、快感が胸から全身へと広がり、下腹部が熱を持って重くなりました。すでに陰部は愛液をにじませていたと思います。佐藤さんの手がバスローブのすそから侵入して、内腿をなでながら這い上り、股間へと届きました。下着を着けていない私の無防備なアソコを彼の指がなぞります。縦割れの性器が開かれ、クリトリスがあばかれました。

「いやじゃないですか？　気持ちいいですか？」

佐藤さんの低音の声が、耳に心地よく、体の芯に届いて肉欲をかき立てました。

「気持ちいいです。いやじゃないです……もっと、してほしい……です……」

私は、夫に聞こえないように小さな声で言いました。もっとも夫はそれどころではなく、奥さんとの行為に没頭していましたから、取り越し苦労だったかもしれません。それでも、自分が欲情していることを夫には知られたくなかったのです。

「ぼくのも、さわってくれますか」

佐藤さんに促されて、私はおずおずと股間に手を伸ばしました。はだけられたバスローブから露になった彼の若々しいペニスはすでに勃起していて、硬く、熱く、どくどくと脈打っていました。

絡ませた私の指に反応してペニスがビクンと跳ねます。とてもかわいいと思いました。もっと気持ちよくさせたい、そんな気持ちから私は自然に顔を近づけ、唇をつけ、舌を這わせていました。

「じょうずですね。とても気持ちいいですよ」

佐藤さんの言葉を頭上に聞き、とてもうれしく感じました。さきほど夫にフェラチオしていた奥さんのテクニックを思い出し、それに負けないようにと奉仕に心を込めました。

カリの部分を舌で刺激し、尿道口ににじみ出したカウパー腺液を舐め取り、がっぷりと口に含んで吸いつきました。髪を振り乱して、ペニスをしごき立てるようにピストンしました。じゅぷじゅぷと唾液が泡立ち、口の端からこぼれて床にしみを作りました。

背後に夫の視線を感じました。ベッドをチラ見すると、案の定夫は奥さんとセックスにふけりながらも、こちらを見ていました。ここまで熱心にフェラチオする私を意外に思ったようでした。

責めるような視線に、私は逆に少し腹が立ちました。そんなのお互い様じゃないかと思ったのです。自分だって奥さんとそんなに気持ちよさそうにセックスしているくせに、私だけ責められても困ります。

私は夫の目を意識しながら、さらにフェラチオに熱中しました。もうこの世にこのおち〇ちんより大切なものは何もないというくらいの勢いで、佐藤さんの若いペニスを舐めしゃぶりました
「そんなにされたらイッてしまいますよ」

佐藤さんが私をたしなめました。私は急に恥ずかしくなりました。まだ青年と言ってもおかしくない年齢の男性のペニスを、五十路の女が年がいもなく夢中で舐めしゃぶるなんて、はたから見ればずいぶん滑稽でしょう。

「ごめんなさい……」

消え入りたいくらいの羞恥心に身をすくませる私に、佐藤さんは優しく微笑んでくれました。

「いえ、謝ることなんてありませんよ。今度はぼくが舐めましょう」

佐藤さんはそう言うと、足元にしゃがみ込み、私をソファの上でM字に開脚させて、そこに顔を埋めてクンニリングスを始めました。

「あ、そんな。恥ずかしいです……」

私は思わず脚を閉じようとしましたが、むだに佐藤さんの頭を挟むだけで、その動きを制限することはできませんでした。

舌が大陰唇をめくり上げ、膣口を押し広げます。鼻先がクリトリスを刺激しました。ひと回りも若い男性にアソコを舐めしゃぶられるなんて、私の人生の予定にはありませんでした。それはとても恥ずかしく、そして、とても気持ちのいいことでした。

「……あ、あ、そこ、感じます。気持ちいいです……」

私の反応に気をよくした佐藤さんはさらに舐め進み、唇をすぼめてクリトリスに吸いつきました。指先で包皮を剝いて、生身のクリトリスを舌先で転がすのです。もう一方の手の中指が、膣口を突破して奥へと挿し込まれました。

「あ、ダメ！　それ、刺激強すぎます！　ひい、あああん！」

必死で声をこらえようとしましたがかなわず、私は大声で喘ぎ声をあげてしまいました。ベッドの夫が、思わず腰のピストンを中断して振り返るくらいの大声だったようです。

夫は、今度こそ本気で意外そうな目で、私の痴態を見つめていました。確かに、夫とのふだんの行為よりも、ずっと激しく反応していたかもしれません。

自宅の寝室での夫との行為は、住宅街でもあり、同じ屋根の下に息子も寝ているわけですから、自然と声をこらえるのが習慣になっていたところがあります。解放的なホテルだからこそ、思う存分声が出せたということだと思うのですが、それだけではなかったかもしれません。

つまり、佐藤さんの愛撫だったからこそ、私はそこまで感じてしまったのかもしれないのです。

「見ないで……」

私は夫から目をそらし、顔をそむけました。痴態を見られることはとても恥ずかしく、また申しわけなくもありました。

行為に熱中するのはお互い様だとしても、ずっと大きな快感を得てしまうというのは少し話が違います。それは、夫のセックスを、その性的能力を、否定してしまうことにもなるからです。

「見ないでよう……！」

私は悲しげに首を左右に振って懇願しました。でも、同時にその状況がよけいに私の性感を高めていたのかもしれません。

ほかの男のクンニリングスに正体もなく乱れている様をほかでもない当の夫に見られている。そのことが私をそこまで感じさせたのかもしれません。

ここぞとばかりに、佐藤さんがクンニに熱を込めました。クリトリスの形が変わるくらい強く吸いつかれ、膣内奥深く挿入された中指がぐりぐりと敏感なポイントを刺激しました。

「あ、ダメです、ダメです。もうイク。イッちゃいます……！」

私はあっけなく絶頂に達してしまいました。クンニでイクなんて、初めてのことだったかもしれません。

ソファに脱力する私の前に佐藤さんが立ち上がり、ちょうど目の前にペニスが来ました。それは強く頼もしく勃起していて、いまにも破裂しそうでした。ああ、これがこれから私のアソコに突っ込まれる、そう思うと、怖いようなうれしいような、複雑な気持ちでした。しかも夫の目の前で。

クンニで絶頂に達してしまったほどなのです。自分がどれくらい乱れてしまうかわかりませんでした。そんなことになって、私たちは元の夫婦生活に戻れるのでしょうか。私はそれが不安でたまらなかったのです。

佐藤さんは私の手をとって立ち上がらせ、ソファの背もたれに両手をつかせました。そのまま背後に回って、後ろから、いわゆる立ちバックで挿入するつもりのようでした。

この体勢だと、奥さんと夫が抱き合うベッドの正面を向く格好になります。私としては、どうせなら佐藤さんと向き合って二人の世界に没入したかったのですが、そうはしてもらえませんでした。

「いまから奥さんのアソコにぼくのを入れますけど、いいんですね?」

佐藤さんは、ピストンを止めたままでこちらを見つめる私の夫に、いまさらのように確認しました。

私は、もしかしたら夫が気を変えて、スワッピングを中断するのではないかと思いました。そして私自身もそれを望んでいたような気がします。

「ああ、ええと、その……」

夫も迷っていたようです。でもそのとき、佐藤さんの奥さんが、身を起こしながら言いました。

「自分だけ私に突っ込んでおいて、私の旦那があなたの妻に入れるのは許さないの？　それってちょっと勝手じゃない？　二重の意味で」

そう言われると、夫は言葉もないようでした。

「いやいや、無理することはないんですよ。ここでいったんやめて、シャワーを浴びて帰ってもかまわないんですから。また日を改めることもできますし」

佐藤さんはあくまでも私たちの意思を尊重し、主体性を重視していました。

「でも、そんなのつまんないじゃない？　私、もうちょっとでイキそうなのに。ねえ、しましょうよ。私たちも、今度は後ろから」

奥さんに促されて、目の前に女尻を突き出されて、夫も意を決したようです。

「そうですね。続けましょう」

夫の言葉に私がホッとしたことを白状しなければなりません。自分でもあきれてしまうくらいの安堵(あんど)感でした。

やはり私は、本心ではこのまま佐藤さんにペニスを突っ込まれたいと思っていたようです。ここでやめたくないと思っていたのです。

「そうですか。じゃあ、そうしましょう」

佐藤さんの合図で、夫がベッドで四つん這いになる奥さんの尻をわしづかみにしました。タイミングを合わせるようにして、ソファの背もたれに手をついて立つ私の腰を抱え込み、尻を突き出させて角度を調節しました。

「奥さんもいいですね？　じゃあ、入れますよ？」

佐藤さんと夫のペニスが、私と奥さん、同時に二つのヴァギナに、それぞれ突っ込まれました。私と奥さんの二人分の叫び声がホテルの室内に響き渡りました。

佐藤さんのペニスは膣内を押し広げて最奥部まで一気に届き、私は頭の中が真っ白になりました。いったん腰が引かれて、ひと息ついたのも束の間、再び突き入れられて、またアソコの中の奥の奥までがペニスでいっぱいになりました。

「ああ、すごい、すごい！　すごいのが来た。これ好き。好きなの……！」

私は佐藤さんの若々しいペニスに膣内をかき回されて、我を忘れてヨガリ狂いました。奥さんもまた、夫に背後から突かれて、いい声で叫んでいました。

私はぼんやりと霧のかかったような意識ながら、そんな奥さんの様子を見て、次に夫を見ました。観察せずにはいられませんでした。

やはり夫も私をチラ見していて、ときおり目が合い、視線が絡み合いました。私の尋常ではないヨガリように夫は驚き、嫉妬し、悲しみ、そして対抗意識を燃やして、それを佐藤さんの奥さんにぶつけるように、いつもより激しく腰を振って下腹を女尻に叩きつけていました。

お互い様だから。お互い様なんだから。私は頭の中で呪文のように唱(とな)えながら、夫のセックスを見て嫉妬し、夫を恨(うら)み、憎みさえしながらも性感を高め、自分の中の佐藤さんのペニスにヨガリつづけました。

すでに絶頂が簡単に手の届くところにありました。私は夫から目をそむけ、意識からも追い出して、佐藤さんに向かって言いました。

「ああ、イク。イキます。もう、イッちゃいます……!」

「どうぞ。いつでもイッてください」

「ああ、いや、いや、一人でイカせないで。いっしょにイッてください……！」

私の甘えた希望に、佐藤さんは微笑みました。

「どうかな？　うまく同時にイケるかな」

そう言いながらも、佐藤さんはスパートをかけてくれました。がんがんと腰が叩きつけられ、ペニスが私の膣内をこれまで以上にかき回しました
「ああ、イキます。いま、いま、いま、そこ。そう。いま。イキますから……！」

私は首をねじって佐藤さんの唇を求めました。彼はキスにこたえてくれて、私はその苦しい体勢のままで絶頂を迎えたのです。

ほとんど同時にイクことができたと思います。私と奥さんは、用意したピルを飲んでいましたので、射精は中出しでした。おかげで私は、膣内にしっかりと精液のほとばしりを感じることができました。

激しい絶頂に脱力した私を、佐藤さんがベッドまで運んでくれました。私の体を横たえて、飲み物をとりにいこうとした佐藤さんを、私は引き止めました。手首を握って駄々っ子のように引っぱりました

「ねえ、もう一度、お願いします。もう一度してください」

佐藤さんは少し驚いたように私を見ましたが、隣のベッドでは、私の夫がまだ射精に至っておらず、奥さんとセックスを続けています。だったらまあいいだろうという感じで、佐藤さんは私の横に寝そべりました。

「でも、すぐにできるかな?」

射精後の萎えたペニスを見て申しわけなさそうに言う佐藤さんを私はいとしく思いました。縮んで、傷ついた小動物のようなおち○ちんを、私は慰撫するように舐め、口に含み、舌を絡ませました。夫が射精に至り、奥さんとの行為を終えたあとも、私は佐藤さんにフェラチオしつづけました。

「あちらが続けているんだから、私たちももう一回戦しましょうよ?」

奥さんに促されて、夫もその気になったようでした。私たち夫婦が二回連続でセックスするということは、たぶんこれまでに一度もなかったのではないかと思います。それは同居する夫婦のことですから、あわてていまやらなくてもまたいつでもできるという安心感があるからでしょう。佐藤さんとはそうではないのです。いま、ここでもう一度やっておかないと、次はないかもしれないのです。そんな飢餓感が私を衝き動かしたんだと思います。私は熱心に口唇奉仕し、やがて力を取り戻して勃起したそのペニスを、いつくしむように再び膣内に迎え入れました。

騎乗位から、続いて待ち望んだ正常位でした。私は佐藤さんを見つめ、舌を絡ませる情熱的なキスをして、佐藤さんの広い背中に腕を回し、両脚を回して、まさに全身で抱きつき、しがみつきました。そしてまた激しくヨガリ狂い、イキまくったのです。

結果的に、性的には過剰なほどの満足を得て、私たちはホテルをあとにしました。自宅に帰り、少々の気まずさを残しつつ、就寝しました。

夫の目の前でほかの男性に身をまかせるというのは、予想以上に刺激的な経験でした。その夫もまた同じ室内で別の女性と行為に及んでいるわけですから、嫉妬にも苦しみました。対抗意識というか、仕返しに夫にも嫉妬させてやろうとばかりに、ふだん以上に大胆に奔放にふるまいました。私が数え切れないくらいに何度も絶頂に達したのは、それが原因だったと思います。どこかでスイッチが入ったのでしょう。私はこの夜、佐藤夫婦とのスワッピングプレイで、これまで経験したどんなセックスよりも深い快楽を得たのです。

ホルモンの関係か、それ以来肩こりや腰痛が軽くなったような感触がありました。更年期障害の対策はセックスすること、みたいな説もまんざら嘘ではないようです。

ただ、困ったことに肉体の疼きというようなものを感じるようにもなってしまいました。私は思春期のころ以来、何十年かぶりでオナニーするようになりました。不思議と夫と抱き合いたいとは思いませんでした。いまさら家族とそういうことをすることに抵抗を感じました。それは夫も同じ気持ちのようでした。近親相姦の禁忌感に近いのかもしれません。

そうなると、夫に催促して、また夫婦交換に参加するしかありません。次はどんなご夫婦とごいっしょすることになるのか、いまから楽しみでならないのです。

夜の公園で妖しいいでたちの熟女に遭遇　おしゃぶりで漲った肉棒を背後から……

宮原敬一　会社員・三十一歳

私がその女性と出会ったのは、残業を終えてからの会社の帰り道でした。

私は独身のサラリーマンで、自宅から職場まで徒歩で三十分ほどの距離がありあります。閑静な住宅街なので通勤時間でもさほど人や車は多くありません。すっかり夜も遅くなって空は真っ暗、あたりには住宅から洩れる明かりと外灯が並んでいます。

私は疲れた体を引きずりながら、一人で住宅街のはずれを歩いていました。自宅のマンションまでは近道があり、周回散歩コースのある広めの公園の敷地を横切るのです。

公園に入るとさらに道は暗くなり、ポツポツと照明灯の薄暗い明かりが見えるだけです。

いつもであれば人通りもなく、とても静かな道です。

ところがこの日、遠くに見える照明灯付近に女性がいるのを発見しました。

正確には照明灯に寄り添うようにポツンと一人で立っています。こちらに気づくと、急にあわてたようにソワソワと周囲を見渡していました。

年齢は三十代前半ぐらいでしょうか。見たところ会社帰りのＯＬといった雰囲気の、なかなかきれいな女性です。

ふだんであれば、真夜中にこんな場所で女性が一人で立っていることなどありません。待ち合わせをするにしても、もっと明るく賑（にぎ）やかな場所を選ぶでしょう。

私がさらに不審に思ったのは、女性の格好です。

秋も深まって夜はかなり寒くなっているのに、短めのコートを羽織っているだけで下は素足です。

素足というよりも、コートのすそからはスカートらしきものさえ見えないのです。まるで下には何もはいていないかのようでした。

まさか、そんなことはありえないだろうと思いつつ、私は女性のいる場所に向かって歩いていきました。

私が一歩ずつ近づくにつれ、彼女はますます落ち着かなくなり、なんだかやたら警戒されているように感じました。

もしかして痴漢だと思われているのかもしれません。だとしてもこちらはただ帰り道を歩いているだけなので、少し気まずい空気を感じました。

下手にかまわずに黙って通り過ぎてしまおうと足を速めると、なんと彼女が声をかけてきたのです。

「あの……」

呼び止められた私は、驚いて足を止めて彼女のほうへ振り向きました。

「どうかされましたか?」

私がそう返事をしても、今度は彼女からの返事が返ってきません。私を呼び止めただけで、モジモジとうつむいているだけなのです。

ますます不審に思った私でしたが、さらに驚くような出来事が起こりました。

彼女はおもむろに自らの手でコートを広げてみせたのです。

なんとコートの下は素肌、つまり全裸でした。

しかも肌には赤い縄が絡み合うように巻きつけられています。胸の谷間や股間に激しく食い込んだ、きれいな亀甲縛りでした。

「えっ……!?」

啞然とする私の目の前で、彼女は耐えきれなくなったのか、すぐにコートを閉じてしまいました。

「こら、ちゃんと見てもらわないとダメじゃないか」

今度は背後から声が聞こえてきたので、私は飛び上がらんばかりに驚きました。

あわてて振り返ると、道路を挟んだ照明灯の向かい側に男性が立っていました。

薄暗かったので存在に気づかなかったのです。

男性は年齢が五十代くらい。見た目はごく普通ですが、どこか異様な雰囲気を漂わせていました。

突然裸を見せつけてきたコートの女性と、彼女の知り合いらしき男性に挟まれた私は、どうしていいのかわからず立ち尽くしていました。

「すみませんね、驚かせてしまって」

「あっ、いえ」

男性は紳士的な口ぶりで話しかけてきます。

私はまだ状況が呑み込めず、ほかに誰かいるのではないかと周囲を見渡しました。しかし私たち三人以外は、公園の見える範囲には人はいないようです。

ひとまず、いったいこの女性は何者なのか、私の疑問はそこに集中しました。

その疑問に答えるように、男性がさらに言葉を続けます。

「実はこの女は、私が調教している愛人なんですよ。こうして裸にコートだけを着せて連れ出して、露出プレイをしているんです」

私はさらに口をあんぐりとさせました。エロ本やAVの世界だけではなく、まさか実際にそんなことをしている人がいるとは思わなかったのです。

女性の年齢は三十五歳で、美和（みわ）さんという人妻のようです。二人が不倫関係になったのは二年前で、それからずっと調教をしているとのこと。

私はそうした男性の話を黙って聞き入っていました。男性の語り口がとてもじょうずだったのもありますが、話の内容が刺激的だったからです。

男性が言うには、彼女は生まれついてのMで、調教もまったく拒（こば）まないそうです。これまで外に連れ出していろんな場所で露出をさせ、今夜はたまたまこの公園を選んだのだと言っていました。

私が話を聞いている間、美和さんはずっと下を向いたままでした。恥ずかしそうにしていましたが、それでいて男性の話をいっさい否定はしません。

「ほら、もう一度コートを開いて、ちゃんと見てもらいなさい」

「はい……ご主人様」

男性の命令に、美和さんは再びしたがいました。

あらためて自らの手でコートを開くと、今度は閉じないように広げたまま裸をさらけ出しています。

程よく突き出した胸のふくらみと、股間に繁るやわらかそうな毛並みに、私の目は釘づけです。

なかなかのスタイルで肌もきれいだったのもありますが、なんといってもそそるのは恥じらいの表情でした。生まれついてのMだと言いつつも、羞恥心だけは失ってはいないようです。

すっかり警戒心も消えてしまった私は、目の前でじっくりと美和さんの裸を眺めさせてもらいました。

すると美和さんが、なぜか足を細かくモジモジとこすり合わせているのです。

「見てください。あなたに裸を見られて興奮してるんですよ」

いぶかしがっている私に、男性がそう説明をしてくれました。

その証拠とばかりに、今度は男性の手が美和さんの股間の縄をグイッと手前に引っぱってみせました。

すると股間に食い込んでいた部分が、透明な液でべっとりと濡れていたのです。

「ほら、こんなに濡らしているでしょう。恥ずかしそうな顔をしておきながら、これが本心なんですよ」

そう指摘をされた美和さんは、ますます恥ずかしそうにうつむいています。

「黙っていないで、もっといやらしい声をお聞かせしなさい」

「あんっ」

今度は男性が縄を引っぱり上げて、股間に強く食い込ませました。

美和さんは小さく悲鳴をあげましたが、痛みによるものだけではなさそうです。明らかに感じている声も混じっていました。

何度もそれを繰り返されるうちに、とうとう美和さんは「気持ちいいです」となまめかしく声をあげはじめました。

二人のそんなプレイを見せつけられている私は、興奮でまたたきをするのも忘れていました。

それなのに見ているだけで手出しできないのは、蛇の生殺しに近いものがあります。できることなら私も参加させてほしいと思えてきました。

「どうですか、あなたも美和の体を責めてみませんか？」

「えっ、いいんですか⁉」

まるでこちらの心を見抜いたかのような男性の言葉に、私は思わずそう返事をしていました。

「ほら、美和からもきちんとお願いをしなさい」

「……どうか私の体をいじめてください。お願いします！」

男性に促されて美和さんまで、私に向かって頭を下げてきました。

うっすらと期待はしていましたが、まさか実際にこうなるとは信じられませんでした。どうやら私はそれだけ二人に安パイだと思われているようです。

最初に私がしたことは、恐るおそる美和さんの体を抱き寄せることです。

背中から抱き締めると、男性と同じように股間の縄を引っぱり上げました。

「あっ、ああっ……」

縄を食い込ませると、美和さんは切なげに顔をゆがませて喘いでみせます。

「もっと好きにしてもいいですよ。美和もそれを望んでいるんですから」

私は男性のその言葉につられ、さらに大胆になりました。縄を引っぱる手に力を込め、ついでに胸をもみしだきました。

さらに美和さんが抵抗しないのをいいことに、強引に唇も奪ってやりました。

「ンンッ…」

美和さんは甘い声を出しながら、舌を絡ませてきます。

そんな私たちを男性は口出しもせず、黙って見守っていました。少なくともこの程度ではまったく止めるつもりはないようです。

それどころか、どんどん大胆になってきたのは美和さんのほうでした。

なんとキスをしながら、私の股間を手でまさぐりはじめたのです。

これまで美和さんはただされるがままだったので驚きました。命令されているのではなく、自分の意思でそうしているのです。

「どうもあなたのことが欲しくなっちゃったみたいですねぇ」

私に体をすり寄せてくる美和さんを見ながら男性が言いました。

「そうなったらもう手に負えませんよ。自分が奴隷だということも忘れて、抱いてもらうまで離れようとしませんから」

男性の言うとおりでした。すっかり目を輝かせて、いやらしく腰を合わせてくる姿は、先ほどまでとは別人のようでした。

「美和におしゃぶりをさせてやってくれませんか。きっと満足してもらえると思いますよ」

「は、はい」

私はあわててズボンをおろしました。ずっと興奮しっぱなしで、ズボンの中で痛いほど硬くなっていたのです。

ペニスを取り出すと、目の前にひざまずいていた美和さんは、おもむろに顔を近づけてきました。

れろりと舌を出して一舐めした次の瞬間には、もう口の中へすっぽりと咥え込んでいます。

「おお……」

呑み込まれたペニスにやわらかな舌がこすりつけられました。ただ舐めるのではなく、全体に絡みついてくる感じです。じんわりと体が溶かされていくような、甘ったるい快感が走り抜けました。

もはや美和さんはフェラチオに夢中で止まりそうにありません。咥え込んだペニスを離すまいと、いやらしく口を動かしつづけています。

あまりにそれが気持ちいいので、このまま口の中に発射してもいいのかと思いました。

そのときでした。突然ペニスを口から吐き出した美和さんが、私を見上げながらこう言ったのです。

「お願いします。どうかこの逞しいおチ○ポで、私のおマ○コをいっぱい突いてください」

そのまま腰を持ち上げ、照明灯の柱に手をついてこちらへお尻を向けました。

そして自分の手で股間の縄をずらし、濡れた性器を見せつけてきたのです。

ずっと縄が食い込んでいたせいか、割れ目がやや赤く腫れぼったくなっているように見えました。

それ以上に驚いたのが濡れっぷりです。美和さんがさらけ出している性器から肛門にまで、透明な液が広がっていました。

おそらく私の前で露出を命令されてから、相当に興奮していたのでしょう。美和さんのマゾっぷりを見せつけられているように感じました。

私がちらりと男性に目をやると、男性も「お好きなように」と言わんばかりの穏やかな表情です。

これで私も踏ん切りがつきました。こうなったら遠慮せずに最後まで楽しませてもらおうと、ペニスを美和さんのお尻に近づけました。

美和さんもそれを察したのか、さらにお尻を高く掲げてきます。

「いいですか。入れますよ」

私の声に美和さんは「はい」と小さく返事をしました。

それを聞いて私も割れ目にペニスを押し当て、そのまま一気に突き刺してやりました。

「ああっ!」

夜の静かな公園でも響いてしまうような喘ぎ声です。

ただ私は、そんなことを気にする余裕も失っていました。美和さんの体を貫いたとたんの締めつけで、身動きができずに腰が止まってしまったのです。

ようやく気持ちも落ち着いてきたものの、あまりに熱くねっとりとした膣の感触でした。

「あっ、はぁんっ……あぁっ」

そのままグイグイと腰を動かしてやると、少し控え目になった喘ぎ声で美和さんはよがりつづけます。

いまこうして抱いているのは、夜道で偶然に出会っただけの女性です。しかも調教ずみのマゾという、一生をかけても巡り合えないようなタイプだけに、あらためて信じられない気分でした。

一つだけ気になるのは、コンドームを使わずに生で挿入していることです。まちがいなくこのままだと、中で発射してしまいます。そうなった場合の覚悟も決めているのか、ふと美和さんを見ながら考えてしまいました。

ともかくいまは、よけいなことを考えずに楽しませてもらうのが先決です。

そう割り切った私は、さらに強く腰を押しつけて、ペニスを深くねじ込んでやりました。

「んっ、ああっ……！　あっ、き、気持ちいいですっ」

ますます美和さんは乱れはじめました。柱に必死にしがみつきながら、お尻だけをくねらせています。

何度も膣に出し入れをさせていると、美和さんは引き抜こうとするときに力を入れているのがわかります。

そうすると締まりが強くなり、よりペニスを気持ちよくしてくれるのです。たっぷりと溢れ出てくる愛液のなめらかさもたまりませんでした。

できることなら誰にも邪魔されない場所で、じっくりと時間をかけて抱いてみたい体でした。しかし私はあまりに興奮しすぎて、射精をこらえきれそうにありません。

「ああ、イキそうです」

私の声に、美和さんは「そのまま、抜かないでください」と喘ぎながら言いました。

それはまちがいなく、中で射精をしてほしいという合図です。途中でためらっていた行為を、美和さんからせがんできたのです。

もう私を止めるものはありませんでした。快感に流されるままに、腰を密着させながら膣内に射精してしまったのです。

とてつもない気持ちよさと、ペニスを包み込む微妙なうねりに、言葉も出ませんでした。

ひと息をついてペニスを引き抜くと、割れ目からは精液がこぼれ落ちてきます。それを確かめるように、美和さんは指を股間に這わせていました。

「たっぷり出していただき、ありがとうございます」

私のほうを向き直った美和さんは、地面に膝をついて深々と頭を下げました。

これも調教で仕込まれた礼儀作法なのでしょうか。まさかこれだけいい思いをさせてもらってお礼まで言われるなんて、思いもしませんでした。

私たちのセックスを見届けた男性は、満足そうに美和さんにコートを着せて肩を組んでいました。

「どうでしたか、美和の体は？　なかなかの抱き心地だったでしょう。美和もあなたに抱かれてたいへん悦んでましたよ」

そう言われて美和さんは恥ずかしそうにしていました。プレイを終えてしまうと先ほどのマゾっぷりも影をひそめ、つつましやかな女性に戻っています。

それから二人は公園の薄暗い夜道を去っていきました。

一人取り残された私は、まだ夢を見ているような気分でぼんやりと夜空を眺めていました。

残念ながら二人に出会えたのはこの一度きりです。あれから幾度も帰り道で再会することを期待しましたが、同じ場所での露出プレイは避けているのでしょう。きっといまごろは、またどこかで露出プレイを楽しんでいるはずです。そして私のような幸運な男が、思わぬ場所で遭遇しているのかもしれません。

満員電車での接触に困惑する初心な男性 桃尻を勃起に押しつけ強引に責め立てて

佳山友香梨　会社員・三十二歳

昔から、よく痴漢にはあっていたのですが、まさか自分が痴女になる日が来るとは思ってもみませんでした。

あれは五年前の冬の朝のことです。通勤ラッシュの中で、うしろに立っていた人が股間を押しつけてきました。

最初はギクッとしましたが、しばらく相手の様子を窺がっているうちに、それが不可抗力によるものだとわかってきました。

私は痴漢にあうたびに、少しの間はじっと我慢してそれが本物の痴漢なのか、意図しないものなのかを見極めるようにしています。

本物の痴漢は、我慢しているのをいいことに硬くなったものをさらにグイグイ押しつけてきたり、調子に乗ってお尻や太腿をなで回してきたりします。

もちろんすごく不快なので、そういうときは次の駅でいったん降りて隣の車両に乗り換えたりしていました。ただ、ごく稀（まれ）に、我慢しているうちに感じてしまうこともあるのです。

欲求不満だったり、生理前だったり、理由はさまざまなのですが、恥ずかしいほど濡れてしまったこともあります。

あの日も様子をうかがいながら、電車の窓に映った背後の人物をさりげなく観察していました。

若くて、意外にもイケメンだったので興味を持ってしまい、バッグを引き寄せるフリをして少しだけ振り向くと、ばっちり目が合っちゃったんです。彼は気まずそうにうつむいていました。

いかにもまじめそうな青年でした。痴漢ではないとアピールするかのように、伸ばした両手で必死に斜め上のポールを握っていました。

窮屈で退屈な通勤電車では、思いもよらないことを考えついてしまうものです。

私はそんな初々しい様子の彼を、からかってみたくなってしまったのです。

自分で言うのもなんですが、私は昔から優等生で、周囲からは「典型的なお嬢様タイプだね」なんて言われます。そう言われつづけているうちに、なんだか期待を裏切ってはいけない気がして、清楚でまじめな自分を無意識に演じてきたように思います。

ほんとうは、思いきり羽目をはずしたいとか、悪いことをしたいとか、そんな欲求が心のどこかにあったのかもしれません。

背後に当たる股間部分にわざとお尻を突き出してみると、彼が腰を引いた感触がありました。腰を引くといっても、ぎゅうぎゅう詰めの満員電車ではそれ以上離すことは無理だったようです。

困っている様子がおもしろくなって、ますますからかいたくなってしまい、ゆっくり腰を回転させてなおもお尻を押しつけました。ふだんは、この大きいお尻を気にしているのですが、そのときばかりは武器にしたのです。

すると、盛り上がったお尻にピッタリ沿うようにして、熱い棒状のかたまりが食い込んできました。コートの上からなのでわかりにくかったのですが、それは少しずつ硬さを増しているように感じました。

青年の股間が反応していることがわかると、胸がドキドキと高鳴りました。そのころは彼氏がいなくて性欲を持て余していたせいもあり、自分でも驚くほど興奮してしまったのです。

次の駅で彼の姿を見失いましたが、その日は一日中体がほてっていて、仕事中に何度もお尻に当たった異物の感触を思い出してしまいました。

トイレに入ってみると、パンティには愛液がべっとりと付着していたので、急いで新しいものにはき替えたほどです。

それからしばらくの間、同じ車両に乗りつづけて彼を探しましたが、その姿を見ることはありませんでした。

ところがそんなことを忘れはじめていたころ、会社帰りの電車内で思いがけず彼を見つけたのです。最初に会ったときから四カ月がたっていました。

彼も私に気づいたようで、「あっ！」という顔をして頬を赤らめていました。

車内はやはり混んでいましたが、朝よりはだいぶマシで、なんとか人の波をかき分けながら彼に近づくことができました。

前回の興奮が蘇(よみがえ)ってきてしまい、近づきたい衝動を抑えられなかったのです。

季節はすっかり春めいていて、彼はワイシャツ姿、私も薄手のブラウスにカーディガンを羽織り、短いタイトスカートといういでたちでした。

彼は、車両のつなぎ目部分の扉にもたれて立っていたのですが、私は大胆にも、その真正面に陣取ったのです。

近づいた瞬間、彼は目をつぶってしまいましたが、その分じっくりと顔を眺めることができました。

じっくり見てみても、やはり私好みのイケメンでした。まだあどけなさの残る顔で、二十代前半くらいに見えました。

その顔を見ていたら、なんてかわいいのかしらなんて思ってしまって、またしてもイタズラ心がわいてきてしまったのです。

私は、下着が透けてしまうために羽織っていたカーディガンをわざわざ脱いで、腕にかけました。これで指先のイタズラがおおい隠せます。

両サイドに立つ人たちは、こちらに背を向けたまま折り重なるようにつり革につかまっていて、座席からの視線もちょうどよい具合にふさいでくれていました。

電車の揺れに合わせて彼の体に自分の体をぎゅうっと押しつけていきました。

ブラジャーの透けている胸が、彼のワイシャツの上でつぶれる感触を味わっているうちに、体じゅうがほてりはじめました。

摩擦を受けた乳首が、ブラの中でキュッとすぼまってしまうのがわかりました。

隣に立つオジサンの背中で押された拍子に、さらに密着していくと、お腹に彼の股間がめり込んできました。

そっと見上げると、彼は私の胸元をじっと見つめていました。ブラウスの襟は大きく開いているので、体がよじれた拍子に谷間がのぞいていたのです。

けっして巨乳ではないけれど、ブラでググっと押し上げている分、深い谷間が出来るのです。

彼の胸に顔を押しつけると、鼓動の高まりが伝わってきました。

顔が間近に迫り、ハァハァと荒くなった鼻息がひたいのあたりにかかってきます。

ねえ、興奮している？　もう勃起しちゃったんじゃないの？　心の中で問いかけるうちに、確認してみたくなりました。

カーディガンをかけていた右手をゆっくりずらして、密着している体のすき間にねじ込んでいったのです。

自分のお腹のあたりに持っていった手の甲に、硬いものがふれてきました。薄い生地を通して、カイロでも入れているかのような熱も伝わってきます。

ああ、やっぱり勃起してる！　そう思うと興奮が止まらなくなり、今度はしっかりと指先でなぞって確かめました。

細身の体からは想像できないほどの、がっちりとした太いペニスの形が浮き上がっていました。

私はわいてくる生唾をゴクッと飲み込んで、ゆっくりと指先を動かしていきました。周囲に気を配りながら、とうとうそれを握ってしまったのです。

彼は一瞬身を硬くした様子でしたが、鼻息は荒くなる一方でした。握られておびえるどころか、私の手の中でビクン！　と跳ねてさらに硬さを増していったのです。

まんざらイヤでもないみたい、そう思うとどんどん試してみたくなり、彼の脚の間に太腿をねじ込みました。

ミニスカートがずり上がって太腿は丸見えです。

握ったペニスを上下にこすりながら、自分の恥骨を押しつけていました。そうしていると、クリトリスが刺激されて、アソコから愛液が溢れてくるのがわかりました。

ああ、このまま片足を持ち上げられて、ブスッと挿入されたらどれほど気持ちがいいかしら！　そんな想像が頭を駆け巡り、アソコはどんどんヌルついてきてしまいました。

そうするうちに、じかにさわってみたくなり、指先でズボンのファスナーをおろしていったのです。

ちらっと顔を見上げると、彼は驚いたような表情を浮かべましたが、口元には薄っすら笑みがこぼれていました。

ファスナーが全開になって、そこに指をねじ込むと、彼の体から力が抜けはじめました。ふんわり巻いた私の髪に鼻先を突っ込むようにして、体を預けてきたのです。

ねじ込んだ指先でペニスをこすろうとしましたが、あまりにもパンパンに張りつめていてすき間がなく、うまく指が動きません。そこで今度は、ベルトをはずしてみることにしました。

音を立てないように気をつけても、バックルの金属音がカチャカチャと鳴ってしまいます。周囲にバレないかとハラハラしている分、音は大きく聞こえました。毎日なにげなく乗っている電車の風景が、まるで違う世界のように見えました。ベルトをはずすと、中からくしゃくしゃのワイシャツがはみ出してきました。そのシャツのすそで手を隠しながら、いよいよブリーフの中に手を突っ込んだのです。

ジメッと汗ばんだ陰毛の感触があり、その中心にヌルつきをまとったペニスがありました。

それを握り締めたとき、達成感のようなものを覚えました。自分でも、そこまで大胆な行為に走るとは考えてもいませんでしたが、痴漢行為って、やればやるだけエスカレートしてしまうものみたいです。もっと興奮してみたい、もっと刺激的なことがしてみたいっていう欲が出てくるんです。

いままであってきた痴漢の気持ちが少しわかったような気がしました。

周囲の人たちも、まさか隣に立つ気どった女が、見知らぬ男の股間をいじくり回しているとは想像もしないことでしょう。

そんなふうに考えるだけで楽しくて、アソコがさらに激しく濡れました。

準急列車なのでしばらく停まることはありません。

カリの張り出した熱いペニスに指をまきつけると、ネバネバした液が絡みついてきました。そのねばり気を塗りたくるように、ゆっくり亀頭をなで回していると、彼が「うっ」とうめき声をあげました。一瞬冷やっとしましたが、彼はあわてて咳払い(せきばら)をしてごまかしていました。

少しずつ上下にこすり、手の動きを速めていったとき、彼が突然腰を引きました。イキそうになってしまったようなのです。

それでも私は容赦(ようしゃ)なく、手を動かしつづけていました。そうしながら再び彼を見上げました。

泣きそうな、それでいて気持ちよさそうな、複雑な表情を浮かべていました。

このまま発射させて、スカートにべっとりかけてもらうっていうのもおもしろいかもしれない、そんなことが頭に浮かんだとき、数分後に次の駅に停車するというアナウンスが流れました。

すでに自分も抑えがきかないほど欲情していて、脚の間はべたべた、乳首は痛いほどしこっていました。

こんな中途半端なところで終わるなんて絶対にイヤ、そう思うと同時にとっさに言葉が出ていました。

「ね、次の駅で降りて。続きを」

彼の耳もとに唇を押し当てながらささやいたのです。

彼はのぼせたような顔で小さくうなずき、あわててベルトを直していました。

一度も降りたことのない駅でしたが、電車の窓からホテルのネオンを眺めた記憶がありました。

改札口を出て、ラブホテルの入り口にたどり着くまで、あとをついてくる彼の気配だけを信じて歩いていました。

振り返るなんて怖くてできなかったのです。もしも振り向いていなくなっていたら、こんなに恥ずかしいことはありません。けれど、すっかり暗闇に包まれた見知らぬ街の風景が、私を大胆にさせていました。

部屋に入るまで、互いにひとことも声を発しないまま、電車の中の緊張感が続いていました。

密室で二人きりになると、満員電車からの解放感が込み上げてきました。人目を意識するスリルから抜けた先には、抑えつづけた欲求の爆発があったのです。すぐにでも脚を開いて、硬いものを呑み込んでしまいたいほど疼いていました。ところが彼のほうは襲ってくるでもなく、困ったような顔をして呆然と立ち尽くしていました。

そのとき、もしかしたら女の扱いも知らない童貞なのかしら？　と気づいたのです。それまで童貞を相手にしたことはなく、女に不慣れな態度は私をさらに興奮させたのです。

うるんだ瞳で見つめてくる様子は、通りすがりに頭をなでたらなついてしまった子犬のようでした。オドオドしているくせに、鼻息だけは荒いのです。

「あなた、もしかして童貞なの？」

股間をなでながら聞くと、コクンとうなずきました。

「あらまあ。じゃあ、一からみっちり教えてあげる」

彼の足元にひざまずき、ズボンを脱がせていきました。

「あぁ、やっと出てきた……私をこんなにエッチにさせて。悪いオチ○チンね」

ニョキッと飛び出してきたペニスはまだ熱を持ったままそり返っていました。

両手で包んで眺めていると、アソコからは再び愛液がトロッと溢れてきました。

「ウフ、お仕置きしなくちゃ」

舌を伸ばして先っちょをチロチロ舐めると、彼はうめき声をあげてガクッと上半身を折り曲げました。

「こら。ちゃんと立っていないとやめちゃうわよ、いいの?」

上目づかいで見上げると、彼は首を振ってこちらを見つめ返してきました。

「いっぱい舐めてあげるから、出していいって言うまで我慢するのよ」

最初は優しく、亀頭を唇で挟みながらチュウチュウ吸ってあげました。そしてだんだんと深く呑み込んでいったのです。

口の中いっぱいに、汗で蒸れた匂いとヌルつきが広がりました。洗っていないペニスを咥えるは初めてでしたが、新鮮な刺激は私をよけいにムラムラさせてくれました。

口に含みながら、吸いついたり舐めたりしているうちに、ペニスはどんどんふくらんできて、息苦しいほど喉をふさがれていきました。

それでも夢中でしゃぶりついていると、彼があわてたようにつぶやきました。

「ま、待ってください、出ちゃいそうです」

私の言いつけを素直に守って必死にこらえていた様子です。

「ちゃんと我慢するなんて、いい子ね。ご褒美に痴漢ごっこさせてあげる」

そう言って立ち上がり、今度はベッドのふちに手をついて、お尻を突き出して見せました。

「最初に会ったときのようにやってみて。あのときも勃起していたでしょ?」

お尻を振って誘ってみると、彼はにやりと笑って近づいてきました。

「スカートの上から、お尻の割れ目に押しつけるのよ」

ミニスカートだったので、その角度からだと、中のパンティも見えていたと思います。彼は言われたとおりにスカートの上からペニスを押しつけてきました。

最初に会ったあの日、コートの上に感じたペニスが、いまは剝き出しの状態で押しつけられていると思うとゾクゾクしました。

その感触が忘れられずに、私は痴女になってしまったのです。

「ねえ、どんな感じ？　あの日を思い出すでしょう、気持ちいいの？」

「はい、やっぱり興奮します！　でも、きれいなスカートが汚れちゃいますよ」

「じゃあ、スカートをめくっていいわ。ついでにパンストも脱がせて」

彼の指でスカートをめくり上げられると、全身から汗がにじんできました。

「パンティが透けすけですね、いやらしいな。あれ、すごいしみが出来てる！」

興奮気味につぶやく彼に、催促しながら腰を突き出しました。

「あなたのせいで濡れたのよ。そうだわ、舐めてきれいにしてちょうだい」

そう言うと、彼の手がお尻に伸びてきて、パンティの上から優しくなで回されました。

「そうそう、最初は下着の上から舐めるの。クンクン匂いをかぎながらね」

彼が股間に顔を寄せてくると、熱い息づかいとともにナメクジのような舌が這い回ってきました。

パンティは、愛液と彼の唾液でびしょ濡れになっていきました。

「ムフゥ〜、そうそこ、そこがいいの。クリちゃんが大きくなったでしょ」

教えると、パンティの上からその突起を指でなで回してきました。

「これですね？　コリって硬くなっています。勃起しているんですね」

彼は鼻息を荒くしながらそう言って、パンティはおろさずに、すき間から指をねじ込んできました。

言わなくても、ちゃんと痴漢ごっこの意味を理解していたようです。電車の中で私がしたようにすれば興奮するということを学んでしまったのでしょう。

「アッ、アッ、感じちゃう〜、そこにおち〇ちんを押し当てて、アッハー」

私が激しく悶（もだ）えはじめると、彼にもスイッチが入ったようで、お尻をなで回しながら力強くペニスを押しつけてきました。

いまにもパンティを突き破りそうな勢いで腰を振り立ててきたのです。

「あ、まずい、出ちゃいそう、ああ、どうしよう」

ひとり言のように言う彼に「まだ、だめよ」と声をかけました。

「これはお仕置きなんだから。今度はじかに舐めて、もっときれいにふくのよ」

そう言うと、彼は慣れない手つきでパンティをおろしはじめました。

「うわぁ、すごく濡れてる。電車の中からこんなふうになってたんですね」

お尻を両側に押し広げられ、その中心に彼の柔らかな舌が這ってくると、脚ががくがく震えだしました。

体を九の字に曲げながら、彼の顔にお尻を押しつけました。

「アッ、アッ、もうダメ……その太いやつ、入れて！」

硬いペニスが押し入ってきて、溜まった膿をかき出すかのように、私の中で暴れ回りました。

背後から回ってきた手で、胸を激しくもまれました。ブラウスのボタンが弾け飛び、こぼれ出した乳房をわしづかみにされると、彼のピストンも速くなってきました。

腰が波打つ振動に、電車の景色を思い出しながら昂っていったのです。

「アハァン、イク、イク――ッ！」

頭に血が上った瞬間、熱い液体がお尻に飛び散ってくる感触がありました。

そのあと、彼は一時間の間に三回も射精しました。また会いたいと言われましたが、いまは通勤ルートを変えました。

あの興奮を思い出しながら、今日も電車に揺られています。

第三章 言葉責めのたびに 牝穴から淫蜜が零れ

細身の妻とは対照的な豊満ボディの義妹
授乳期で溢れ出る母乳にしゃぶりついて

久保田真司　会社員・四十二歳

十二歳年下の妻と三年前に結婚し、関東の某地方都市にある彼女の実家で暮らしています。

子どもはおらず、妻と共働きで淡々と暮らしていたのですが、前年に出産したばかりの義妹・留美（るみ）が赤ん坊をつれて戻ってきてから、家の中がにわかに騒がしくなりました。転職し立ての旦那に心の余裕がなく、子育てを手伝ってくれないから「落ち着くまで」とのことで、当分の間いっしょに暮らすことになったのです。

二十六歳の留美は、細身なのが自慢の妻とは反対に、むちむちとした豊満なボディをしていました。授乳期ということもあって、もともと大きかった乳房がさらにふくらみ、体つきだけで言うと実は妹のほうが好みだった私は、目のやり場に困ることになりました。

家が大きな平屋のため、留美が部屋の戸を開けているといろいろなものが丸見えになってしまうのです。

実家ということで常にラフな服装をしている留美は、やることなすことがあけすけでした。ばかデカいブラジャーを平気でそこら辺に干していたり、母乳が服にしみ出して乳首の突起があからさまになっていたりするうえ、授乳姿を隠すこともありませんでした。

色白でかわいらしい顔をしているのにそのありさまなので、いくら見まいと思ってもつい目がいってしまいます。妻や義両親の手前かなり気をつけていたつもりではあったのですが、そのうちに、留美にだけは感づかれてしまったようです。

「ふーん、真司(しんじ)さんって実は巨乳好きなんだ。姉ちゃんにバレたらヤバいね」

人目を盗んでからかうように言い、こちらが困っているとますますおもしろがって、「奪っちゃおっかなー」と谷間を強調しながら目をのぞき込んできたり、別の日にはすれ違いざまにわざと胸を当ててきたことまでありました。

カタブツな妻とは性格も真逆で、ギャルっぽいというかノリがいいというか、とにかく距離が近い感じなのです。かわいいやら小憎らしいやら、おじさんの私はそうしたことがあるたびに情けなく笑うことしかできませんでした。

そんなある日、義両親がかつて所属していた地元商店街のつきあいで日帰り旅行へ出ることになりました。妻が出勤で家を発つと、週半分の仕事をテレワークでこなしている私は、留美と赤ん坊と三人で取り残されるかたちに……。

どれほどの時間がたったのか、自分の部屋で仕事をしていると台所のほうから「あっ」という声が聞こえてきました。

たいしたことじゃあるまいと思いつつも念のため見にいったところ、赤ん坊は居間のベビーベッドで眠っており、留美がシンクの前で何かをしていました。

どうやら哺乳瓶に母乳を出そうと奮闘していたらしく、片手に哺乳瓶を持ち、片手で乳房を絞ろうとしていて、上手くいかずに狙いをはずしたということのようです。

床の一部に母乳がまき散らされていました。

「わ、ごめん!」

あわてて顔を引っ込めた私でしたが、留美はまったく平気な様子で、「たまに絞らないと張っちゃって痛いんだよね。真司さん手伝ってくれない?」と、冗談とも本気ともとれる口調で言ってくるのです。

いや冗談だろうと思いながらも近づいていってしまったのは、やはり下心があったからだと思います。

「どうすりゃいいんだよ」とあえてぶっきらぼうに言いつつ、私は留美のはちきれそうな乳房を間近から見て興奮を禁じえなくなっていました。

真っ白い肌に青い血管がうっすらと透けていて、張りつめていかにも重たそうな乳房の先には、授乳期ということでやや黒ずんだ乳首がピンッととがり立っていました。

カップはGかHくらいありそうです。

周囲にただようまったりとした乳臭さが理性をぼやかしてくるようで、まずい、まずいと思いながらも目を離せなくなりました。

「もー、出るときは勝手に出るのに自分で絞ろうとするとなかなか……」

留美がそう言いながら、私の目の前で乳房を根元からもみ絞ってみせました。スライムのような肉塊がぐんにゃりとゆがんで、先端に白いしずくをにじませた乳首があらぬ角度で飛び出します。

口の中に大量のツバがわいてきて、私はそれを音を立てないよう注意しながら飲み込みました。しかし呼吸が乱れてきてしまうのはどうすることもできません。

すると留美が、さも困りましたという顔で振り向くなり、「ほら上手くいかないでしょ？　真司さんやってみて」と、私に絞るよう促してきたのです。

いくらなんでもありえないことでした。

にもかかわらず、私は「こ、こうか？」と留美の背後から手を伸ばし、左右の乳房をすくい上げるようにもみ回しはじめてしまっていました。

大きなスライムに指が食い込み、柔らかさの奥から意外なほどの反発が返ってきます。肌は思ったよりも冷たく、しかし私の胸と密着した留美の背中はハッとさせられるほど熱を持っていました。

「なるほど、難しいもんだな……」

と、興奮をごまかすように言いながら少し強めにもんだ瞬間、左右の乳首からブシューッと大量の母乳が噴き出しました。

「う、うわっ、びっくりした！」

「ちょっと待って」

意外に冷静な留美が哺乳瓶の口を右の乳首に当てたので、私も右の乳房だけを繰り返しもみ込み、母乳の採取を手伝いました。

そうしながら左の乳房からも手を離さなかったのは、言うまでもなく露骨なスケベ心のせいでした。人助けという大義名分を盾にして、半ば痴漢チックにこのシチュエーションを楽しんでしまっていたのです。

背後から胸元をのぞき込む私の頬と留美の頬がときおりピタッとくっつきます。そのたびに、もっといけないことをしたいという禁断の欲望がムクムクとふくらんできていました。

後から思えば、とっくに一線を越えてしまっていたんだと思います。

やがて留美がピクンピクンと女の反応を示しはじめたのと、私の股間のこわばりが彼女の柔らかな尻に密着したのは、ほぼ同時のことでした。

私の指が初めて彼女の乳首にふれると、留美は「あっ、あぁっ」と声をあげてクネクネと身をよじり、哺乳瓶を乳首の前から離しました。

こうなればもう大義名分も何もありません。

噴き出した母乳がシンクに飛び散り、排水溝へ吸い込まれていきました。

それを見た私は「流しちゃもったいないよ」と、留美の前に回って乳首に唇を押しかぶせていきました。

もみながら吸ってみるとたちまち口内に温かい母乳が溢れます。

それは薄いヨーグルトのような味で、美味（うま）いわけではありませんでしたが、けっして不味（まず）くはありませんでした。

義妹の母乳を吸ってるんだ……。

そう思うと妻や義両親の顔が目に浮かびましたが、もう止まることはできません。私は片手と舌で乳房と乳首を愛撫しながら、片手をおろして留美のはいていたデニムスカートの内側に手指を侵入させていきました。

むちむちとした太腿をなで回し、ゆっくり上へすべらせていくと、指先がぴっちりとしたパンティにふれました。そこは布地越しにも熱く湿っていて、窪みに沿って指を動かすと、確かなヌルつきを示していました。

「真司さん、ダメだよ。姉ちゃんに悪いもん」

自分から誘ってきたくせにと思いながら留美の唇を奪い、濃密に舌をからませつつ、パンティの内側へ手を差し入れました。

もちろん抵抗はありませんでした。

淡い陰毛をかき分けて熱い肉裂に指をくぐらせ、湿った音を響かせながらオマ〇コの内部を刺激しました。

「あんっ、そんなの……感じちゃうよ……」

腰を落としそうになる留美を抱き締めて支え、左右の乳首を交互に吸い立てて母乳を飲みました。そして再び彼女の背後に回り込むと、パンティを足首まで引きおろして、両足を一本ずつ抜かせました。

留美は「いけないんだぁ」と言いながらも素直にしたがい、シンクの縁に手をついて、自分から尻を突き出してきました。

「体はいけないことしたがってるみたいじゃないか」

「へえ、マジメな真司さんもそんなセリフ言うんだぁ」

この期に及んでからかうようなことを言ってきます。しかし私がイチモツを出してスカートをめくり上げ、亀頭を留美のぬかるみにあてがってやると、たちまち「あっ、あっ」とかわいい声を洩らしはじめました。

そのまま奥まで沈めていき、小刻みに動かしながら乳房をもみしだきました。

母乳が勢いよく噴き出してシンクの底を打ち、留美が激しく喘ぎだします。

イチモツを包んだ肉厚の膣壁が向こうからからみついてくるようで、妻のそれとはまるで違う味わいに陶然となりました。

姉妹でこんなにも違うのかと思いつつ、私は徐々に腰の動きを大きくしていきました。

「あっ、ああっ、ダメッ……すごい……あはぁぁっ」

背筋をそらせる留美の尻肉がたぷんたぷんと波打っていました。

性器の結合部からも母乳まみれの手元からも、クチャクチャ、ニチュニチュという淫靡な音が鳴っていました。

物理的な快感があるだけでなく、シチュエーションにも興奮させられます。

留美の膣襞がうねるようにうごめき、たまらず射精してしまいそうになった私は、あわてて腰を引いてイチモツを抜き出しました。

興奮のあまり避妊していなかったことを思い出したのです。

「ごめん、危なかった……生はまずいよな」

肩で息をしながら私が言うと、留美が少し思案するような様子を見せました。

そしてめくれ上がったデニムスカートをさっと戻すと、私の手を取り、「こっち来て」とノーパンのまま歩きだしたのです。

赤ん坊の眠る居間を一直線に横切り、留美が私を引き入れたのは、いつも彼女と赤ん坊が寝ている六畳間でした。

「これ……いちおういつも持ってんの。でも私、浮気とかは一度もしたことないんだからね」

バッグからコンドームを取り出した留美が怒ったような目で言ってきました。

柄にもなく照れているようです。しみじみかわいいなと思いつつ引き寄せてディープキスをしました。そして受け取ったコンドームを敷きっぱなしの布団の上に投げ、留美を抱き締めたまま押し倒すように横たえました。

イチモツをビンビンにしたままここまでついてきた私は、早く続きがしたくてたまらなくなっていたのです。

「わかってるよ、君がそんな女じゃないってことは」

俺が勝手に欲情しただけ、というのはリップサービスに過ぎる気がして言わずにおき、彼女のスカート、Tシャツ、ブラを脱がせて一糸まとわぬ姿にさせ、あらためて豊乳にしゃぶりつきました。

もむほどに、吸うほどに母乳が噴き出し、私の顔や胸がたちまち母乳まみれになりました。

「こんなに出したら赤ちゃんの分がなくなっちゃうかな」

「マジで張りすぎて痛いから、一回全部飲んじゃって」

ジョークだったのでしょうが、私はほんとうに咽喉を鳴らして母乳を飲みました。

もちろん赤ん坊のとき以来の経験です。

「次は大人用のを飲ませてもらうよ」

彼女の体についた母乳を舐めながら、唇を下腹のほうへと移動させました。

脚の間に顔を埋めて、今度は愛液をすするように舐め取ります。

留美の陰唇は小さく、あけすけな性格とは裏腹にとても清楚で、形も出産後とは思えないほどととのっていました。

肉裂に沿って舌をすべらせ、クリトリスを根元から先端に向けて舐め上げました。

「んぁっ、ああっ……それイイッ!」

留美が高い声をあげて腰を浮かせ、骨盤をクイクイ傾けてきました。

小さく達したらしく、匂いがムンと濃くなりましたが、なおも舌を動かしながら膣に指を入れてGスポットを刺激しました。

「だ、ダメダメッ……それヤバい……ああっ、あぁ、イクゥッ!」

激しく乱れ、私の髪の毛をわしづかみにした留美が腹筋をわななかせました。

妻がこれほどホットな反応を示すことはまずありません。胸の内で感激しながら、シックスナインの格好へ体を移していきました。

妻はフェラチオも敬遠しがちなのです。

私が上になり、勃起したものを留美の顔の近くへ持っていきます。

留美は当然のように竿をつかんで唇を押しかぶせてきました。

そのままスロートを始め、ジュポジュポと音を立てながらアグレッシブにしゃぶってきます。口の中で舌を回転させてくるあたりはかなりのテクニシャンです。私も負けじとクンニリングスの続きに没頭しました。

血のつながりがないとはいえ、近親相姦をしているわけですから、こうしていても頭の隅には罪悪感が居座りつづけていました。

しかし不思議と後悔の念はわいてきませんでした。興奮材料が多かったのも事実ですが、その前に私が留美の魅力に参ってしまっていたからだと思います。

コンドームをつけたとき、留美はすでに三度ほどイッていました。いつものいたずらっ子のような瞳がトロンとなり、きめの細かい白い肌が上気して、なんとも言えない色気を放っていました。

布団の上で正常位で挿入するというのは、台所でのなし崩し的な立ちバックとは異なり、濃密なメイクラブのムードがありました。

「入れるよ?」

新婚初夜のような気分で言うと、留美がこくんとうなずきました。妙にドキドキしながら膣口に亀頭をあてがい、一気に奥まで貫きました。

「アアッ!」

ビクンッと身をふるわせた留美が、下から腕を伸ばして私の首に回してきました。

私はそのまま前屈みになり、胸と胸を合わせてディープキスをしながらピストン運動を始めました。

ズルンッ、ズルンッと長いストロークで抜き差ししていると、おし潰された乳房から温かい母乳がにじみ、互いの肌をひとつに溶かしていくようでした。

片手で乳房をもみ絞り、片手で留美の頭をなでながら見つめ合って腰を動かしつづけます。

ときおりブシュッ、ブシュッと母乳が噴き出し、しぶきが顔まで飛びました。

こんなセックスはかつてしたことがありません。

考えてみれば留美の旦那……つまり義弟にも悪いことをしているんだなと思いつつ、そのくせますます高揚感を覚えました。

上体を起こし、両手で乳房をもみ回し、噴水のようになった母乳を浴びました。

もともと大きな乳房とはいえ、こんなにも多量の母乳を溜め込んでいるのですから痛くもなるはずです。

女体の神秘を感じつつ、留美を抱え上げて対面座位の体勢になりました。唇を合わせ、舌と舌を絡め合い、母乳まみれの体をこすり合わせて揺れつづけます。

「チョー気持ちぃ……真司さんのオチ〇チン……留美の奥まで届いてる……」

鼻にかかった甘え声で言う留美が、「あ、イクッ」と小さく叫んで痙攣しました。竿全体を包み込んでいる膣壁がキューッと締まり、私もイッてしまいそうになりました。

グッとこらえて、今度は私が後ろへ倒れ、騎乗位の体勢になりました。

下から見上げる母乳まみれの豊満な母体が神々しいまでに美しく、ふだんの留美とのギャップに感動していると、留美が自ら乳房を絞り、母乳の雨を降らせてきました。

揺れ弾む乳房から噴き出す白濁したシャワーが、私の髪まで濡らしてきます。

私は口を大きく開けてしずくを飲み、そうしながら留美を激しく突き上げました。

「あぁっ……あはぁっ……当たってるっ、気持ちイイとこ当たってるぅっ！」

留美が顔をくしゃくしゃにして叫びます。

そのとき、母の切羽詰まった声で目を覚ましたのか、居間の赤ん坊が「だぁ……」と小さな声をあげました。

起こしちゃまずいと思いましたが、留美は構わず腰を弾ませつづけました。

「イクーッ……ああイクッ、イック……イクイクイクイクーッ！」

赤ん坊そっちのけで絶頂をむさぼっているのです。

思わず圧倒される一方、そのおかげで射精までの時間を長引かせることができたような気もします。

意識の半分を赤ん坊に向けながら再び身を起こし、留美を向こうへ倒して元の正常位に戻しました。

やはり母乳は赤ん坊のものです。

いまさら何をと笑われそうですが、これ以上母乳をまき散らすようなことはするまいと思いながらラストスパートのピストンを始めました。

重たげな爆乳がダッパンダッパンとダイナミックに揺れ弾み、結合部のグチュグチュという粘着音とあわせて、たまらない絶景を作り出していました。

思えば留美も相当なストレスを抱えていたのでしょう。

家を飛び出してきたからには旦那とはそれなりにこじれたのでしょうし、性的な欲求不満も溜まっていたのに違いありません。

熱いオマ〇コがうねるように締まり、イチモツが絞り上げられます。

留美に一秒でも長く快感を味わってもらおうと歯を食い縛って耐えました。

「あぁっ、もうムリ……し、真司さん……イこ……いっしょにイこっ！」

本気で惚れそうになるほどチャーミングな瞳で言われ、私もいよいよ限界に達しました。

「イクよ……留美……俺もイクよ……」

「来て……あぁ、いっぱい出して！　留美の中で全部出して！」

赤ん坊がまたむずかりだし、「ひっ、ひっ」といまにも泣き出しそうな声をあげはじめました。

もう終わるから、もうお前に返すからちょっと待ってくれと思いつつ、ダメ押しの数ストロークを耐えた瞬間、私は留美の中でビュルビュルと年がいもない激しい射精をしていたのです。

これがおよそ一年前の出来事になります。

コンドームをつけていたとはいえ、義妹の膣で果てたその味わいはひとしおでした。

私自身はテクニシャンというわけでもないのに留美も満足してくれていたようですし、平凡な人生を送っている私には、後にも先にも一度きりの体験だったと思います。

正直に言うと、私としてはもう一度留美を抱きたいという気持ちがありました。迫れば留美も拒まなかったのではないかとうぬぼれています。

しかし、その後は二人きりになれるチャンスがないままに数カ月が過ぎ、とうとう留美の旦那が彼女を迎えにきたことで、家は再び静かになりました。

母乳まみれのセックスにハマッてしまったというわけでもないのですが、最近になって妙に子作りがしたくなってきている私がいます。妻に相談してみようか……と本気で考えはじめてしまっているこのごろです。

セフレとの温泉旅行で羽目をはずした私
スリル満点な露天風呂での性交で絶頂し

矢島桂子　アパレル店店長・三十六歳

ファッションに興味があって、服飾の専門学校を出てからは、繁華街の若者向けアパレル店で働いていました。

その後、結婚して一時期は専業主婦として仕事から遠ざかっていましたが、離婚してからは、大手のファッションブランド会社に就職しました。いまでは、東京近郊のショッピングモールの店舗で店長を任されて五年になります。

小さい店の店員だった若いころは、最新の服にふれたり、売り上げが好調ならそれだけでうれしかったものですが、店長ともなるとさすがに状況が変わってきます。売り上げは当然として、仕入れのことや若い店員の管理・教育、本社や出店しているショッピングモール側とあれこれ折衝（せっしょう）もしなければなりません。

そんな多忙な日々に、むしろ充実感を感じてもいる私は、我ながらずいぶんと大人になったものだと思っています。子どもがいないこともあり、将来のことは何も考えず、ただ目の前の仕事に打ち込んでいました。

それでもやはり、ストレスは溜まるものです。そんなときは、もっぱらお酒で解消していましたが、衝動的にムラムラを抑えられなくなって、男に身をまかせることもありました。

一度セックスの味を知ってしまった私ですから、成熟した女盛り(さか)の体を自分でも持て余すことがたまにあります。そんなときは、これもストレスを仕事に持ち越さないためだと心の中で言いわけをして、自分の方から誘いをかけました。ですから、ほとんどはその場限りか、つきあったとしてもごく短期間で関係を終わらせていたのです。

また、自分で言うのも照れくさいのですが、言い寄る男には不自由しませんでした。別れた夫や関係を持った男が言うには、見た目はおっとりとして女っぽいのに、性格はサバサバしているらしいのです。そのせいか、離婚を除けば、幸いこれといった男女間のトラブルになったことはありません。

けれど、そんな私生活に二年ほど前から変化がありました。

同じ会社で、都内のデパートに店長として派遣されている大池(おおいけ)さんという男性と、つきあいはじめたのです。

四つ年上の彼とは、年に一度の店長を集めた会社の研修会で知り合いました。二日間にわたる研修後の打ち上げで、たまたま隣に座ったのが大池さんです。彼の見た目がタイプだったこともありますが、なによりも仕事の知識と経験が豊富で、いろいろ教えられて尊敬に近い感情を持ちました。それで私は、例によって自分から誘いをかけたのです。

そのときは、いつもどおりに一夜だけの関係にするつもりでしたが、今回ばかりは違いました。

あけすけにいえば、一つにはこれまでのどの男性よりも、体の相性がよかったことがあります。といっても、テクニックがすごかったわけではありません。むしろその逆だったと言っていいでしょう。大池さんは就職してからずっと多忙だったとかで、これまでなぜか女性との出会いもなく四十近くで独身でした。そのせいかキスや愛撫などもぎこちなく、持続時間も長くはありません。私はそれなりに気持ちよかったのですが、一方では「あれ?」と、少し驚いてしまったほどです。けれどあとをひく、とはこのことでしょうか。そんなぎこちなさが、かえって私の気持ちをとらえてしまったのです。

言うなれば、草花の成長を楽しみに手間をかける気持ちが、近いと思います。彼のアソコは立派で、その夜はこれが年齢相応になったらと想像して、ゾクゾクとしたのを覚えています。

それから二度、三度と会うようになり、そのたびにあたりまえのように体を合わせました。そして、私の指導のたまものか、大池さんのテクニックは上達し、持続時間も延びて、私はそこそこ満足できるようになったのです。そうなるともうおもしろくなり、このまましばらくつきあいを続けてもいいかなと思いはじめ、いまに至っているのでした。ある意味で、私が大池さんにセックスを教え、そのかわりというわけでもないのでしょうけれど、大池さんは私の仕事の相談に乗ってくれるという関係でもあるのです。

そんな感じでつきあっていた私たちですが、お互いの多忙は相変わらずでした。仕事の都合で一カ月以上会わなかったこともあります。私にとってそれがまた、つきあっていくうえでじらす効果があるように思えましたが、大池さんは不満だったようです。

不満といえば、これも多忙が原因なのですが、彼の部屋に行って愛し合ったあとの私は、必ず終電やタクシーでさっさと帰宅していました。お酒を飲んでいないときは、大池さんの車で送ってもらうこともあります。私の職場は彼のマンションからは少し遠く、翌日のことを考えるとあたりまえの行動だと私は思っていましたが、これが意外に甘えん坊な面のある彼にとって大いに不満だったようです。いつも、朝まで二人きりでゆっくりしたいとボヤいていました。

そんなつきあいを重ねていた、半年ほど前のことです。私の働く店舗の入っていたショッピングモールが、ひと月かけて大改修することになりました。その間、勤務先は当然お休みとなります。私は他店の応援店員という形になったのですが、早い話がアルバイトのようなもので、店長とはまるで違う気楽な立場で働けました。なによりもありがたかったのが、まとめて休みがとれた点です。

大池さんにそれを知らせると、大喜びしました。そして、なんとかスケジュールを調整して、私の休みに合わせて三日間の連続休暇を取ることに成功したのです。

「せっかくだから、どこか温泉宿にでも行って、いままで忙しかった分二人きりでのんびりしようよ。二泊三日くらいでどうかな？」

そんな彼の提案に、もちろん異存はありませんでした。

途中で名所に寄りながら、大池さんの運転する車で三時間くらいだったでしょうか、夕方に到着した温泉旅館の立派な外観や、大げさに思えるほどの女将や番頭さん、女中さんの出迎えに、私はびっくりしてしまいました。

通された二階の広い和室も、カタログや旅行雑誌で見るような部屋です。渓流の見おろせるベランダといい、それを挟んで目前に迫る緑におおわれた小山といい、まるで絵に描いたような眺めでした。

しかもベランダには、竹の目隠しで囲まれた、部屋のお客さん専用の小さな露天風呂まで設えられています。

「めったにないことだから、思いきって豪華な旅館にしたんだ。まだ秋の行楽シーズン前だから、いちばんいい部屋がとれたよ」

そんな大池さんの言葉を聞きながら、ボンヤリと景色を眺めていた私は、そのとき、小山の林の中を動くものに気づきました。渓流を挟んで五十メートルほどでしょうか、しばらく観察すると、それが急斜面を上っていく人の姿だとわかる距離です。

「釣り人か山菜採りですよ。この下はいい渓流釣りのポイントになっているんですよ」

目をこらす私にちょうどお茶を運んできた女中さんが、笑って説明してくれました。

「桂子さん、早くお風呂に入って、夕食にしようよ」

そのとき、大池さんがじれったそうに声をかけます。気持ちはきっと、そのあとの時間に飛んでいたのでしょう。

大浴場での入浴のあと、浴衣姿の差し向かいでお酒を飲みながら部屋で二人きりの夕食をとった私は、まるで新婚旅行のようだなと思いました。結婚に一度失敗しているのですが、このまま彼といっしょに暮らして、毎日こうやってご飯を食べる自分を初めてイメージしたのです。

やがて、女中さんが夕食のお膳を下げてしまうと、やっと二人きりの時間がやってきました。

私を抱き寄せた大池さんは、私を横抱きにすると、浴衣の胸元から手を差し入れてブラジャーをずらします。

「あっ」

すでに硬くなっていた乳首にふれられて、思わず声を出した私の首筋にキスをしながら大池さんはささやきました。

「桂子さんの大きいおっぱいは、最高だよ。色が白くて、たぷたぷと柔らかいのに張りがあって」

さらに、私の手をつかんで股間で硬くなっているものを握らせようとする大池さんに、私はささやき返します。

「あせらないで。今夜は時間がたっぷりあるんだから」

それで、彼の腕から逃げた私は、浴衣の襟を合わせ後ろ髪を気にしながら立ち上がり、隣の間仕切り襖(ふすま)を開けました。

明かりがついていない薄暗い部屋の中に、見たことのないような大きな布団がふた組敷いてあります。

大池さんは後ろから私にタックルするようにして、ふわふわとした布団の上に押し倒しました。

「たまにしかできないから、我慢できないんだよ、もう」

私の浴衣のすそをまくり上げた大池さんは、初めて関係を持ったときのように、乱暴にショーツを下げました。このところ、私の要望でていねいなセックスを強制されていた反動だったのかもしれません。

すぐに大池さんの指が、私のあの部分にふれ、ぬるりと入ってきました。

「ちょっと、だめっ！」

「桂子さんだって、興奮してるんじゃない？　もうヌルヌルで、いつもよりも熱いよ」

指を抜いた大池さんは、私におおいかぶさると、硬くなったモノの先端をあてがいます。

「あっ！　そんな乱暴なの、だめだったら！」

けれど大池さんは止まらず、私を一気に貫いたのでした。

二人とも、全裸に旅館の浴衣だけの格好です。

大池さんが動くたびに、つながった部分から小さくいやらしい音が聞こえ、シーツをつかむ私の指に力が入りました。

やがて、大池さんの動きが激しくなり、それに合わせて私のあそこの音も大きくなっていきます。私がたまらず大池さんの胸に顔を押しつけたそのとき、彼はうめき声を洩らしました。

「ううっ！」

彼のモノが抜かれた瞬間、私はお腹に勢いよくまき散らされる、男の粘液の熱さを感じたのです。

私はそのままぐったりと平べったくなり、荒くなった呼吸をととのえました。

旅の疲れからでしょうか、気がつくと私はうつらうつらとしていました。大池さんが放出したものは、テッシュでふいてくれたようですが、胸から下半身にかけて、体の前面が丸出しになったままでした。

あわてて浴衣の前を合わせた私は、半身を起こすと下着を探しました。隣でやはり寝息を立てていた大池さんが、その音で目を覚ましたようです。

「ゴソゴソしてどうしたの?」

「汗かいちゃったし、お風呂に行こうと思ったのよ。浴衣一枚で部屋の外を、ウロウロするわけにもいかないじゃない」

「お風呂なら、大浴場なんか行かなくても、すぐ外に露天風呂があるよ。せっかくだから、いっしょに入ろう」

起き上がった大池さんは、帯紐も結ばず浴衣の前をはだけたままで、あの部分が丸見えでした。そして、私の返事も待たず、その浴衣さえ脱ぎ捨てると、さっさとベランダの明かりをつけて、出ていってしまったのです。

考えてみると、彼といっしょにお風呂に入るなど、初めてのことです。やはり、何も身につけない裸で野外に出る行為に抵抗がありました。

それでも迷った末、私もベランダの露天風呂を使うことにしたのは、旅の開放感、そして夕食時に抱いた、大池さんに対する感情の変化があったからです。

浴衣を脱ぎ捨て、腕と手で胸と下半身の茂みを隠した私は、秋の気配も近づき少しひんやりとした夜の空気に包まれたベランダの、濡れた敷石におそるおそる足を踏み出しました。

ごく淡いぼんやりとしたライトに照らされた先、二畳ほどの狭い露天浴槽に大池さんはつかっています。私は胸と下半身を隠したまま、そっと隣に体を沈めました。狭い浴槽ですから、並んでお湯につかると肩と肩がふれ合います。

そこでやっと手を離して伸ばした体を、少しぬる目のお湯が包み込みました。

空を見上げると、都会では見られないような星が散りばめられ、竹の目隠しの向こうの小山が、いまは黒々とした壁に見えます。

竹の目隠し囲いの下から響く、渓谷の水音さえも、心地よい環境音楽に思えました。

「すごく気持ちいいわ。来てよかった」

そんな言葉が思わず洩れた口を、大池さんの唇がふさぎます。

「桂子さん、さっきはごめんね」

唇を離した大池さんが、私の肩を抱き寄せささやきました。

「何のこと？」

「久しぶりだったせいでガツガツしちゃって、自分だけすぐイッちゃったから。今度はじっくりと楽しませてあげるよ」

「さっきも気持ちよかったわ。無理しないでいいのに」

うなずいた私は、てっきりお風呂から上がってからのことだと思っていました。ところが大池さんは、その場で立ち上がると、大きくなったモノを私の目の前に突きつけたのです。

「ここでフェラしてよ、桂子さん」

「え？」

大池さんは、離婚してから最も長いつきあいの男性です。もちろん、何度も体を重ねていますが、これまでは暗い中でしていた行為で、彼のモノをこんな至近距離で見せつけられるのは初めてでした。

それでも、私は躊躇(ちゅうちょ)します。夜とはいえ、こんな野外で大胆すぎると思いました。それに竹の目隠しはあるのですが、渓谷を挟んだ小山の高い場所からなら丸見えになってしまうはずです。

そのことを訴えると、大池さんは笑って答えました。

「こんな夜中に、山に登るヤツなんかいないさ。いたとしても、暗闇であんな距離があるから、のぞけるはずなんかないよ」

「でも……」

「それに、もしものぞかれたとしてもかまわないさ。いや、むしろかわいくてエッチな桂子さんとこんなことしてるところを、みんな見せびらかして自慢したいくらいだよ」

その言葉にドキリとした私は、次の瞬間、彼のモノを咥えていました。

不思議なもので、一度その行為に没頭しはじめると、大自然の中に二人きりだという心境になり、大胆になっていったのを覚えています。ただ咥えただけではなく、張り出した亀頭の縁や裏側、袋の部分全部を味わおうとするように、夢中で舌を這わせました。

やがて、舌を移動させるたびに、上擦った声で快感を告げていた大池さんは、私の髪をそっとなでます。

「今度はこっちの番だよ」

そう言うと大池さんは、私を抱き上げキスをすると、浴槽の縁に腰かけさせ、自分はお湯の中に肩まで体を沈めました。

「?」

「脚を広げて」

言葉だけではなく、大池さんは私の脚を強引に左右に開かせて、顔を近づけました。丸見えになった私のあの部分を指で分けた大池さんは、突き出した舌でいきなり敏感な突起をつつきました。

「あっ!」

背筋を走った快感に、私はのけぞりました。

「いい眺めだよ」

さらに、舌先が私の入り口に浅く侵入します。

私はこのままのけぞりつづけると後ろに倒れてしまうと気づき、急いで彼の肩をつかんで耐えました。けれど、腰が小刻みに震えるのは自分でも抑えきれません。

そして私は、ついに哀願の声を洩らしました。

「ちょうだい、お願い!」

やっとあの部分から舌先を引いた大池さんは、またお湯の中で立ち上がり、私を抱き寄せます。こんな狭い浴槽で、今度は何をするんだろうと思う私に、彼はささやきました。

「向こうを向いて、お風呂の縁に手をついて」

大池さんは、言われるままにした私の剝き出しになったお尻を背後から引き寄せると、硬く大きくなったモノをゆっくりと挿入します。

「ああっ！」

自分でも予想できないほどの声が勝手に飛び出しました。驚いた私は、あわてて片手で口を押さえます。それでも、快感を訴えるくぐもった声が、自然に洩れつづけました。

そのうちに、腰を動かしつづける大池さんの声が、背中に聞こえました。

「桂子さんのエッチな声、聞きたいな」

「で、でも、周りに聞こえちゃうから……ああっ！」

「川の音がこれだけ響いてるから、大丈夫だよ」

確かに竹の目隠しの向こうからは、ゴーゴーと急流の音が聞こえていました。

そんな状況に置かれ、こうして彼と交わっていると、もっと自分をさらけ出したほうが自然なのかなと思えました。

思いきって口から手を離すと、大池さんの指が背後から私の乳首をつまみ、腰の動きが速まります。

すぐに快感が体じゅうを貫き、私は声を絞り出しました。

「ああっ！　いいっ！　こんなの初めて！」

「オレもだ。すごく興奮するよ、桂子さん」

そのときでした、のけぞった私の視線の先、小山の中腹で光の点が動き、すぐに消えました。もしもあれが人なら、私たちの行為を眺められる位置です。

けれど私はもう止まれません。それどころか、開放感に加えて見られてるかもしれないというスリルに、私は叫びつづけました。

「あーっ！　やめないで！」

「ううっ！　イクよ！」

大池さんが熱いものを放つ感触を味わいながら、私はビクンビクンと体を痙攣させます。まるで、大池さん、温泉、そして夜の自然ともひとつに溶け合ったかのような、初めての快感でした。

そのあとしばらくたってから、あの温泉旅館の露天風呂は有名なのぞきスポットだとネットで知った大池さんから、申しわけなさそうに知らされました。なんでも望遠レンズと赤外線カメラを使ってのぞくのだそうです。けれど私はそれを聞いて、あのときのぞかれていたのかもしれないと思うと、逆に体の奥がムズムズしてしまい、彼が欲しくなったのでした。そのときは彼にせがんで、のぞきが出没すると言われている場所へわざわざ向かい、カーセックスでいつになく興奮したのです。それからはもう、スリルをスパイスにしたセックスが病みつきになってしまいました。

快感への欲求は次の段階に進み、いつでも楽しめるよう、同棲を考えている最近の私たちです。

女性上司の尻をスパンキングしてやると熟マンを濡らし恍惚の表情を浮かべ……

倉木亘　会社員・二十九歳

こんにちは。

去年の初夏、私が初めて経験したＳＭプレイの話を聞いてください。

もともとアブノーマルな行為に興味はなかったのですが、あの日は牡の本能が爆発したとしか思えませんでした。

女性上司の二宮(にのみや)課長はバツイチのキャリアウーマンで、年齢は三十六歳。男を男とも思わず、厳しい指導から嫌っている社員は少なくありませんでした。

あの性格じゃ、離婚されてあたりまえ。男日照りの欲求不満と陰口を叩く社員も一人や二人ではなかったと思います。

私の営業成績はいつも最下位で、長い間叱責(しっせき)を受けつづけており、ストレスは限界に達していました。

転職しようかと本気で悩んでいたところ、私の発注ミスから取引先に迷惑をかけてしまい、課長とともに謝罪しにいったときのこと。

帰社したときは午後十時を回っており、課長は部署のある二階には戻らず、三階にある会議室に連れていかれました。

おそらく、社に残っていたほかの社員には聞かれたくなかったのでしょう。

それほど怒り心頭といった様子で、案の定、こってり絞られました。

最初はうつむいて叱責を受けていたのですが、人格を否定される言葉を投げかけられた瞬間、私の中で何かが弾けました。

こちらに落ち度があるとはいえ、なぜここまで言われなければならないのか。

全身の血が頭に昇る感覚が、自分でもはっきりわかるほどの激情でした。

そのフロアには会議室と資料室しかなく、ほかの社員に気づかれる可能性が低かったことも影響していたと思います。残酷な気持ちが込み上げ、もう、どうなってもかまわないという思いに駆り立てられました。

「あなたに、営業の仕事は無理だわ。ベルトコンベア式の仕事が、性（しょう）に合ってるんじゃないかしら」

「クビ……ということですか?」

「私に、そんな権限はないわ。もちろん、あなたが辞めたいと言うなら、止めはしないけどね」

拳をふるわせて睨みつけると、彼女は毅然とした態度で恫喝しました。

「何、その目は!? もういいわ、とっとと帰りなさい!」

課長がテーブルに置いていたバッグを手にし、会議室をあとにしようとした瞬間、私は無意識のうちに細い手首をつかんでいました。

バッグがスローモーションのように床に落ちる光景は、いまでもはっきり覚えています。

気がつくと、テーブルにうつぶせの状態で押し倒し、彼女はここで初めて恐怖にひきつった表情を見せました。

「ちょっ……な、何をするつもり?」

「わかりました。今日限りで、会社を辞めさせていただきます。そのかわり、これまでのお返しをさせてもらいますよ」

私はほどいたネクタイで後ろ手に縛り、スカートをまくり上げました。

まるまるとしたヒップとレース地のショーツにドキリとしましたが、恥ずかしい格好をさらしただけで気が晴れるはずもありません。

「や、やめなさい……こんなことして、ただですむと思ってるの？」

「大声出したければ、出せばいいですよ。こっちは、クビになったってかまわないんだから」

「言いすぎたことは謝るわ。いまなら、何もなかったことにしてあげるから……」

「だめです。いまさら謝罪を受けたところで、こちらの気は収まりません」

「あ……いやぁ」

私はショーツをおろしてヒップを剝き出しにさせ、豊満な尻肉を平手で何度もはたきました。

「きゃっ、やっ、くっ、ふうっ」

「ふふっ、おっきなお尻ですね。これは、叩きがいがありますよ」

パチン、パチーンと乾いた音が室内に反響し、やがて真っ白なヒップが赤く染まっていきました。

社会的地位のあるキャリア女性が、おいたをした子どものように尻を叩かれているのですから、屈辱と恥ずかしさは相当なものだったと思います。

二十発ほどは叩いたでしょうか。この時点で多少なりとも気分はスッとしたのですが、私は異様な状況に気づいて眉をひそめました。

最初は悲鳴をあげていたのに、いつの間にか声が小さくなり、甘ったるい吐息が聞こえてきたんです。

「や、あっ、ンっ……あ、あぁン」

課長はテーブルに横顔を押しつけており、だらしなく開いた口からいまにもよだれがこぼれ落ちそうでした。

彼女の身に、いったい何が起こっているのか。

訳がわからぬまま手を止め、ヒップを割り開くと、あそこが濡れてキラキラ光っているではありませんか。

「叩かれて、昂奮してるんですか?」

「そ、そんなこと……ないわ」

「ふうん、こりゃ驚いた。キャリアウーマンは、マゾっ気があるんですか?」

「ち、違う……あぁン！」

半信半疑のまま再びヒップにビンタを張ると、腰がくねりだし、頬が桜色に染まりました。

予期せぬ展開に驚きはありましたが、怒りの感情はすっかり消え失せ、ドス黒い欲望が渦を巻いて迫り上がりました。

「何が違うんですか？」

「や、はぁあぁぁっ」

今度はやや強い力で叩くと、課長は絹を裂くような悲鳴をあげ、腰をもどかしげによじりました。

「大きな声を出すと、下の階にいる社員が気づくかもしれませんよ」

その時間帯、社員は全員帰宅していて社内には誰もいなかったのですが、直接会議室に向かったため、そんなことは知るよしもありません。

課長は口を引き結び、平手の仕打ちにひたすら耐え忍んでいました。

「はあはあっ」

赤く腫れたなまめかしいヒップを見おろしている最中、股間の中心は痛みを覚えるほど突っ張り、ここまで来たら最後までやるしかないと思いました。

下手をしたら強制性交等罪で逮捕され、社会的に抹殺されてしまうかもしれません。それがわかっていても、引き戻す気はまったくありませんでした。

私は迷うことなく腰を落とし、ふしだらな匂いを発する股のつけ根に顔を埋めました。

「あっ、やっ！」

彼女は悲鳴をあげて腰を振ったものの、ヒップをわしづかんで鼻面を押しつけ、唇を割れ目に往復させました。

ヌルッとした感触に酔いしれたのも束の間、ねばっこい愛液が膣の入り口から糸を引いて垂れ滴りました。

「や、やめて……口を離して」

「だめですよ……ううん、課長のおマ〇コ、すっかり熟れてるじゃないですか」

酸味の強い味覚をたっぷり味わいつつ、私は早くも充血したクリトリスを中心にじゅっぱじゅっぱと舐めしゃぶりました。

「ひぃうっ！」

課長は奇妙な声をあげたあと、テーブルに突っ伏し、ヒップと脚線美をぷるぷるふるわせました。

そのあとは抵抗することなくじっとしていましたが、もしかすると快感の喘ぎを必死にこらえていたのかもしれません。肉厚の小陰唇は外側にめくれ、割れ目の狭間からのぞく紅色の粘膜はしっぽり濡れていました。

まさか課長のおマ◯コを舐める日が来ようとは夢にも思わず、ここぞとばかりに舌を跳ね躍らせ、陰唇をクリトリスごと口の中に引き込んでは激しく吸い立てました。

もちろん私自身の性欲も暴風雨のように吹き荒れ、ズボンの下のペニスはパンパンに張りつめていました。

すぐにでも結合したかったのですが、まずは口の愛撫で絶頂まで導きたいという一心で十分近くは舐めていたと思います。

「あっ、くっ、くっ、ふぅン」

ねちっこいクンニが功を奏したのか、やがてヒップがわななき、鼻から甘い吐息が抜けはじめました。

「ひ、ひぃぃぃっ」

小さなしこりを舌先と口中粘膜で舐め転がした瞬間、課長は声を裏返しながら腰を大きくひくつかせました。

力が抜け落ちたところで口を離すと、彼女は目を閉じ、うっとりした表情を浮かべていました。

憎たらしい課長を、私自身の性技でエクスタシーにまで導いたのです。

勝ち誇った気持ちになり、これまでのストレスは霧のように失せていました。

いや、まだ終われない。利子をつけて返さなければ……。

私はズボンとパンツを引きおろすや、ビンビンになるペニスをさらけ出し、課長をテーブルから引きずりおろしました。

「床に座ってください」

細い肩に手を添えてこちらを向かせると、彼女は朦朧とした顔つきをしており、足に力が入らないようでした。

「さあ、ちゃんと上を向いて」

腰を突き出すと、課長は顔を上げ、うつろな視線を股間の中心に向けました。

「……あ」

「よく見てください。課長の色っぽい姿にギンギンになって……どうしてくれるんです？」

赤黒い亀頭、がっちりしたカリ首、無数に浮き上った青膨れの血管。昂った性器は自分の目から見てもおどろおどろしく、限界まで膨張していました。

「はっ、はっ、はぁぁ」

彼女は身をこわばらせていましたが、目は一点を見据えたまま。唇のすき間で、舌を物ほしげにすべらせました。

悩ましげな表情とふだんの厳しい態度とのギャップが、凄まじいまでの昂奮を吹き込んだのかもしれません。

切れ長の目、スッと通った鼻筋、薄くも厚くもない唇と、もともと端整な顔立ちをしており、性格さえよければ、十分好みのタイプではありました。

高慢な課長を、セックスでヒーヒー言わせることができたら……。

そう考えたとたんに胸が高鳴り、大いなる期待に睾丸が吊り上がりました。

「さ、早く」

「あ……やっ」

蒸し暑い時期でしたから、さぞかしにおったのでしょう。彼女は反射的に顔をそらしたものの、私はかまわずペニスの切っ先を口元に押しつけました。

「ンっ、ンぅぅ！」

柔らかい唇の感触に快感をおぼえましたが、顔を真正面に向けさせ、口の中にペニスを無理やり突っ込みました。

「ぐっ、ぐうっ」

「歯を立てたら、だめですよ。さ、ゆっくり咥えて」

「う、ぷ、ぷぷっ」

ぬっくりした粘膜がペニスを包み込み、とろとろの唾液がまとわりついたときの感触は忘れられません。

あまりの気持ちよさに、少しでも油断したら、発射してしまいそうでした。

「く、くふっ」

喉の奥まで差し入れたところで腰をゆったり引き、私は小刻みなピストンでイラマチオを満喫しました。

「お、おう、いいっ」

後ろ手に拘束していたので手こそ使えませんでしたが、強制フェラというシチュエーションに気は昂るばかりでした。

「はあふうっ、はあっ……あ」

驚いたのはそのあとで、腰の動きを止めても、課長は自ら首を前後させ、ペニスに快感を吹き込んできたんです。

離婚してから四年、熟れた肉体は男を欲していたのか。

ギスギスした態度や言動は、やはり欲求不満から来ていたのか。

レイプまがいの行為に打って出たとはいえ、この状況はもはや同意としか思えません。

顔のスライドは熱を帯び、まさにむさぼりつくという表現がぴったりのフェラチオが繰り広げられました。

よだれが床にボタボタと滴り落ち、しかも首を螺旋状に振ってはイレギュラーな刺激を吹き込むのですからたまりません。

じゅぽっじゅぽっ、じゅぱぱぱぱっと、いやらしい音が響くたびに、快感の風船玉が下腹部でみるみるふくらみました。

「お、おおっ」

さすがは元人妻、目を剝くほどのバキュームフェラに睾丸の中の精液が荒れ狂い、今度は私のほうが腰をくねらせていました。

あれ以上続けられたら、まちがいなく暴発していたと思います。

顔面射精も頭をよぎったのですが、社内ではあまりにも無理があり、なんとしてでもセックスでよがらせたいという気持ちのほうが勝っていました。

私は仕方なく口からペニスを抜き取り、彼女をゆっくり立たせたあと、再びテーブルにうつぶせの状態にさせました。

「はあはあはあっ」

鼻息を荒らげながら拘束したネクタイに手を伸ばすと、思いも寄らぬ言葉が耳に届きました。

「いいの……そのままで」

「……え?」

課長は肩越しに媚(こ)びた視線を向け、心の内を察した私は小さくうなずきました。

彼女は、やはりマゾヒスティックな気質を持ち合わせていたのでしょう。後ろ手のネクタイは快感を増幅させるための小道具であり、拘束されたまま犯される状況を楽しみたいと思ったに違いありません。

ヒップを広げると、膣口がくぱぁと開き、透明なしずくがツツッと滴り落ちました。

ペニスを握りしめ、意を決して腰を突き出せば、くちゅっと愛液の跳ねる音が聞こえ、内粘膜がうねりながらペニスを引き込みました。

「あ、お、おおっ」

さほどの力を込めずとも、ズブズブと膣の中を突き進み、しっとりした膣襞がペニスを真綿のように締めつけました。

それまでの私の女性経験は、三人だけ。その誰もが二十代で、元人妻熟女の膣の中がこれほど気持ちのいいものだとは考えてもいませんでした。

抵抗感やひりつきはいっさいなく、こなれた柔肉が生き物のようにペニスに絡みついてはもみほぐしてくるんです。

「あつ、ぐつ、くうっ」

私はいったん目を閉じて気持ちを落ち着かせ、括約筋を引きしめてから腰のスライドを開始しました。

「あ、やぁぁン」

「何が、いやなんですか。おマ〇コ、こんなにぐちょぐちょにして！」

「い、言わないで」

「言葉責めのたびにキュッキュッと締めつけてきて、おマ〇コはそうは言ってないみたいですよ。知らなかったなぁ、課長がこんなに淫乱な女だったなんて」

「いやぁぁン」

ヒップが派手にくねりだし、牡のエキスは早くも出口に集中しました。

「もっともっとよがらせてあげますよ」

私は虚勢(きょせい)を張りつつ、マシンガンピストンで膣肉をほじくりかえしたんです。

「や、やっ、はぁあぁあっ！」

息の続く限り、腰をこれでもかと振り立てると、彼女はあっけなく絶頂への扉を開け放ちました。

「イクっ、イクっ」

「……え？」

「イッちゃうぅぅっ」

エンストした車のように腰をわななかせ、膣肉がキュンキュンと収縮したとたん、電撃のような快感が背筋を這いのぼりました。

私はさらに膣奥を何度も突き刺し、ペニスを引き抜いてからヒップに大量の精液をぶちまけたんです。

そのあとはラブホテルに移り、二回もセックスしてしまい、失神状態に陥った課長を見てほくそ笑みました。

これまでのストレスはお釣りが来るほど解消されたのですが、それで彼女が変わったかというと、前よりひどく私を叱責するようになりました。

もちろんお返しは、夜のベッドの中で。さまざまなＳＭ道具を用意してはヒーヒー泣かせてやり、いまではそのギャップを私自身も楽しんでいるんです。

電マで大人のおもちゃの虜になっていきピンクローターを四六時中身につける私

小林純子　会社員・三十四歳

三十四歳の独身女の会社員です。二年前に六年間つきあった恋人と別れ、それ以来、誰もパートナーがいない状態が続いています。

この年齢で「彼氏ナシ」だと、女友だちも似たような連中ばかり。いっしょに集まって酒を飲んでは「どこかにイイ男がいないか」とぼやく日々です。

そんな女同士の酒の席の内緒話のなかで、いわゆる「大人のおもちゃ」が話題に上ったことがありました。その場にいた一人が、ピンクローターを自宅に持っていることが判明したのです。みんな興味津々に彼女にたずねました。

「ええ？　どうなの？」

「それが結構、気持ちよくって……こんなふうにあててさ……」

彼女は何かを手に持って、股間にあてるふりさえして見せました。

「ええ……でもなんだか、そのためにそんなものを買うのもねえ……」

私自身は「オナニーはさびしいもの」という認識が強いので、そんなさびしい行為のために道具を使ってまでというのは抵抗がありました。

「あら、マッサージ用の器具とかでもいいのよ。とにかく小刻みに動きさえすれば、あとはあてれば気持ちよくしてくれるんだから」

友人はそんなことを言って笑うのでした。

その友人の言葉が気になって、あんなことをしてしまったのでしょうか。

飲み会がお開きになってひとり暮らしのアパートに帰ってから、自分のベッドの横に置いてあったマッサージ機が目について仕方なくなってしまいました。

仕事でパソコンを長い時間使って肩がこるので、数年前に買ったのです。

ちょっとだけ、ほんのちょっとだけ試してみよう……私はそう思いました。

ベッドにあおむけになった私は、下半身だけ下着のみの姿になって、両脚を大きく広げました。そしてマッサージ機のスイッチを入れて、振動する部分をそっとパンティの上から股間にあてたのです。

「あうっ！」

思わず大きな声が出ました。思った以上に強い刺激が、絶え間なく襲いかかってきて、恐怖さえ感じました。それなのに、押し当てている自分の手の力を弱められないのです。快感を止めたくないのです。私は結局、大きな絶頂に達してしまうまでマッサージ機を股間に押し当てつづけてしまったのです。

果てたあとの放心状態も終わって、私は電マの振動部分を見てみました。そこはすっかり、パンティからしみ出した愛液で濡れていたのです。

彼氏と別れて以来、こんなに気持ちよくなったのは初めてでした。

いいえ、彼氏にもこんなに気持ちよくしてもらったことはありません。

その晩以来、私は電マのとりこになってしまいました。初めて知った機械の刺激に、すっかりまいってしまったのです。初めは性器をじかに刺激することに罪悪感があったので、パンティ越しに刺激していました。でもすぐにそれではもどかしくなってしまい、直接あそこにあてて刺激するようになりました。

毎日仕事から帰ると飽きもせずに自分を慰(なぐさ)めました。本物の男性とのセックスにも、これほどのめり込んだことはありません。

ひとときも電マと離れたくないほどでした。

やがて、私の興味は本物の「大人のおもちゃ」へと向かっていきました。

オナニーのために作られたものではない電マでこれほど気持ちがいいんだったら、最初からそのために作られたおもちゃならどれほど気持ちいいんだろう……そんな興味が止まらなくなってしまったのです。

私は何度もためらったあと、ネット通販でピンクローターを購入しました。

届けられたものはとても小さくて、色も形もファンシーでかわいらしく、とても性的な快感のための道具とは思えないほどでした。

しかし、恐るおそる性器にあててみると、その快感は魔物でした。

電マよりもずっと小刻みな振動は、私の体に内側から襲いかかってくるかのようでした。クリトリスに軽くあてただけでそうだったのです。

こんなのを膣の中に入れたらどうなってしまうんだろう……私はなかば恐怖しながらも、そうせずにはいられなかったのです。ふやけたように濡れた肉ひだを押しのけるようにして、私はローターを自分の内側に侵入させました。

「ああ、ううう! 」

私はベッドの上であおむけになった体を「く」の字にそり返らせました。すると、強すぎる快感で、そのままの状態でしばらく動けなくなったのです。

気持ちよすぎて、おかしくなっちゃう……そう思ってローターを抜こうと思ったのですが、自分の手が言うことを聞いてくれないのです。私の手はローターを前後に動かして、膣内のより気持ちいいスポットを探してしまうのです。

「あっ、ああっ……だめ……！」

自分で自分を犯しながら「だめ」なんて口走ってしまうほど混乱していました。

それぐらい気持ちよかったのです。

ローターが故障してしまうのではないかと思うほど、私は長時間、激しく使ってしまいました。何度アクメに達したのかわからないほどです。

それ以来、この最初に買ったローターは私のお気に入りになりました。

それまでオナニーは夜にしていましたが、このローターを手に入れてからは朝にもするようになりました。それも、毎朝です。

常に枕元に置いておき、目を覚ますとまずローターでオナニーをするのです。

すっかり習慣になって、これなしでは一日が始まらないほどでした。

ローターを使うと、私は二分とかからずに絶頂してしまいます。

ローターを家に置いて出かけるときには、名残惜しささえ感じました。一日中ずっとローターでオナニーをしていたいのに……笑われるかもしれませんが、ローターとの別れがつらくなるほどでした。きっとペットを飼っている人が、ペットとひとときも離れたくないと思う心境に似ていると思います。

あまりにも離れたくないという気持ちが強すぎて、ある日私はとうとう一線を超えてしまいました。ローターを膣内に入れたまま出勤したのです。

朝に日課になっているオナニーして絶頂したあと、膣内にローターを入れたまま朝食をとり、身支度をして、外に出てみたのです。街の風景はいつもと同じなのに、まるで違う感覚でした。駅に向かい、電車に乗って、いつもどおりに出勤しているだけなのに、下半身の奥が熱くなって、興奮してしまうのです。

たまにちらっと私のほうを見た人と視線が合うと、それだけで自分がローターを膣内に入れているのがバレたような気がして冷汗が出ました。

一度そう思うと、背徳感が止まらなくなりました。周りの人が全員、私が隠れて淫らなことをしているのを知っているのではないかと思いました。そしてそのスリルが快感を増してしまうのです。家でのオナニー以上に敏感になりました。

「おはようございます……」

やっとの思いで出社して部署の人たちに挨拶をすませると、私はすぐにトイレに駆け込みました。そして個室に入り、膣内からローターを抜き出しました。

「はんっ……！」

声を殺したつもりなのに変なうめき声が洩れて、私はあせりました。幸いトイレには私のほかに誰もいなかったようで、ほっと汗をぬぐいました。

私のかわいいローターは、私の興奮した膣内に長時間あったせいで、すっかり愛液でドロドロになっていました。スイッチは一度も入れていません。それなのにローターが入っているというだけで、こんなに興奮してしまったのです。

私はローターをトイレットペーパーで念入りにふいて、バッグの奥に大事にしまい込みました。さすがに昼間、膣内にこれを入れた状態では仕事にならないと判断したからです。しかし結局、その日の仕事は気もそぞろでした。

ローターを家に置いてきているならあきらめもつきますが、手を伸ばせる距離にあるのに離ればなれになっているのがこれほどつらいとは思いませんでした。

早く仕事が終わらないかと午後からはそわそわしてしまい、終業時間の間際には、あそこの奥がじんじんと自然に疼いてくるほどでした。

私は、終業時間と同時に、会社のトイレに入りました。そして濡れた膣内にローターを押し込みました。もう一度、出勤のときに味わったスリルを味わいたくて、帰宅時もローターを入れたくなってしまったのです。

会社を出て夜の街を歩くと、また強い興奮が体に押し寄せてきました。

朝と違ってこのあとは仕事もなく、家に帰るだけ。そう思うと解放感も相まってスイッチを入れてみたいという誘惑に勝てなくなってしまいました。

私はコートのポケットの中に手を忍ばせました。

そしてリモコンのスイッチを、そっと押したのです。その瞬間、私はビクンと大きく痙攣して、その場に立ち尽くしたまま一歩も歩けなくなりました。

昼の間ずっと「おあずけ」を食らって飢えていた体には、それほどまでに快感が強かったのです。大通りの道で、私はオフィスビルの壁に寄りかかるようにして、体の内側から絶え間なく襲いかかる振動に耐えていました。

「……だいじょうぶですか?」

見知らぬ若いサラリーマンが、通りがかりに私に声をかけました。はたから見ても、そのときの私は異常な状態だったのでしょう。

「あ、ありがとうございます……だいじょうぶです」

なんとかそれだけのどの奥から絞り出すと、男性は私に不審な目を向けながらもその場を立ち去っていきました。

わき上がる快感を押さえつけながらも私は妙な興奮を覚えていました。それはローターを自分の中に入れた状態で人と会話をしてしまったという興奮です。

あの人は私のことを「なんか変だ」と思って声をかけたのだろうけど、まさか大人のおもちゃを体の中に入れて感じているとは思わなかっただろう……。

そんなことを考えて、背徳的な気持ちになって、興奮してしまうのです。

私は一度スイッチを切って、ゆっくり、小さな歩幅で歩きだしました。

顔が上気しているのが自分でもわかりました。きっと赤らんで、淫らな感情が外に洩れたような、とろけた表情になっているだろうなと思いました。

私はその状態で人と話をしてみたくなったのです。先ほどのサラリーマンと交わした会話の感覚が忘れられなくなってしまったのです。私は繁華街の少しはずれにある、行ったことのない小さなバーの扉を開けました。

薄暗く静かな雰囲気の店内のカウンターに数人の先客がいました。カップルと男性の一人客が数人です。私はそのうちの一人の隣に、腰をおろしました。強めのお酒を頼んで、私はほてった体を鎮めました。とはいえ、あそこの中にはしっかりローターが入ったままなのですが……。

やがて隣にいる、常連客っぽい男性が私に話しかけてきました。「チャラ男」というほどではありません。でもそれなりに遊びなれた雰囲気の、二十代後半から三十代前半の男性です。

「この店は初めて？　すごく色っぽいお姉さんですね」

自慢ではないですが、私はこんな場所でもこれまでナンパにあったことがありません。警戒心が強そうに見えるらしいのです。でもこのときはローターの快感で警戒心どころではありませんでした。全身がとろけそうだったのです。そんな雰囲気が、男をひき寄せてしまったのかもしれません。

私は小さな声で「はい」と答えました。私は男性が何を話しても、ただ「はい、はい」とだけ返事をしていました。快感にやられ、物事の判断もつかない状態になっていたのかもしれません。そして、気づいたときには男性に促されるままにバーを出て、ホテル街を歩いていたのです。

ナンパなんて、ふだんなら絶対についていかないのに、この夜は男性とホテルのゲートをくぐってしまったのです。

ホテルの部屋に入ったときに、私はあることに、はっと気づきました。

冷蔵庫のそばに、透明な小さな箱が集まって出来たケースがありました。その一つひとつの中に、大人のおもちゃらしきものが入っているのです。

この場で買えるんだ……。私はそれを見て、心臓がどきどきしました。

男性は突然、私の顎をつかんで振り向かせ、キスしてきました。

「んん……！」

私は抵抗しようと男性の腕をつかんだのに、そのまま体を寄せて強く抱き締めてしまいました。そうせずにはいられなかったのです。

男性の唇をこじ開けるように、自分から舌を出して絡ませました。自分でも信じられないくらい唾液が溢れて、男性のそれと混じり合いました。

「ぷはあ……すごい積極的だねえ、溜まってるの？」

男性はそう笑いながら、私の体を両手でまさぐってきました。

「ああ、んん……はああ……！」

服の上から胸や腰をさわられているだけなのに、異常なまでに感じます。

やはり、膣内にローターがあるときの私は別人なのです。

そんな私の反応を見て、男性がすごく喜んでいるのが伝わってきました。

やはり男性は、エッチな女性が好きなんだな……そんなことをぼんやりと思いながら、私は身をくねらせて悶えていました。

「あ、あんっ……！」

ベッドに私を押し倒した男性の手が、私のスカートをまくり上げてパンティの中に忍び込んできました。その瞬間、私は自分が性器の中にローターを入れていることを思い出したのです。

「待って、だめ……ああ、ああっ……！」

男性の指は私の繁みをかきわけて、あそこの入り口にふれてきました。男性にふれられたことで、そこがどれほど濡れているか、初めて気づきました。

「すっごく濡れてるじゃん……あれ？」

男性の指がローターにふれて、より奥のほうに押し込まれると、私は我慢できずにベッドの上で体をビクビクと動かしてしまったのです。

「何か、入ってる……？」

男性が不審そうに私の中のものを引き抜きました。私は自分の股間を直視することができませんでした。顔を上げると、男性の手にベトベトになったローターがありました。それを手に持って、男性はしげしげと見つめていたのです。

「へええ、こういうのが好きなんだ……」

私は恥ずかしくて、胸が苦しいほどでした。何も言えない状態でした。

男性はにやりと、不敵な笑みを顔に浮かべました。

「それならそうと、言ってくれればいいのに……」

そして私から離れると、大人のおもちゃがたくさん入っている、あのケースのところまで行ってから戻ってきました。男性の手には大きな、ペニスそっくりのおもちゃが握られていました。男性がたったいま、購入したのです。

そしてベッドの端に手をかけて、あおむけに寝ている私の両脚の間に顔をもぐり込ませてきました。パンティは、いつの間にかすっかり脱がされていました。

「いや……だめぇ……」

「いやも何も、こんなに濡らしちゃって……」

興奮した男性の鼻息がオマ〇コにあたります。続いて、クリトリスに強い刺激を感じました。男性が、手に持ったおもちゃの先でつついてきたのです。

「あっ、あっ、いやあ……！」

でも次の瞬間、それどころではないくらい強い刺激が襲いかかりました。

男性が、おもちゃのスイッチを入れたのです。これも、ローターと同じように振動するおもちゃだったのです。しかし、その刺激はローターの比ではありませんでした。頭のてっぺんまで一気に、逃れられない振動の刺激が走ったのです。

「だめ、イク、イクう……！」

私はすぐに軽い絶頂を迎えてしまいました。

しかし男性はまだまだこれからとばかりに、振動するおもちゃで私のオマ〇コを縦になぞるように、上下に激しく動かしたのです。ほんとうに、体に電流が走るようでした。でも、こんなに強い刺激も、まだ前ぶれにすぎなかったのです。

男性は私のオマ〇コにそのおもちゃを垂直に突き立ててきました。

「やめて、それは……はあんっ……！」

とうとうおもちゃが私の中に入ってしまいました。それも一気に根元まで。

私の体は弓なりにそり返りました。全身を貫かれたような衝撃です。すでにアクメに達しているのにさらに責められ、追い立てられ、逃げ場がありません。

男性はおもちゃから手を離しました。それでもおもちゃは私の中で暴れ回っています。まるで生き物のようでした。私のオマ〇コでおもちゃが固定されて、体からはみ出している取っ手の部分がグルグルと回転していました。

「ほら……舐めてみてよ」

男性はいつの間にかズボンも下着も脱いでいて、私の目の前にペニスを突き出していました。どす黒い亀頭の部分が、目の前で大きくふくらんでいました。

私はおもちゃを股間に咥え込んだまま男性のペニスを口に含みました。

「うぶっ……！」

男性は私の口に向かって激しく腰を振ってきました。その間にも、私のオマ〇コはおもちゃでめちゃくちゃに蹂躙(じゅうりん)されます。まるで二人がかりで犯されている気分でした。生まれて初めて、道具を使ったセックスを体験していました。

どれくらいそうしていたのか、やがて男性は私の口からペニスを抜きました。

「何回イッた？」

私はもうずっとイキっぱなしの状態でした。なので、どう答えていいのかわからなかったのですが、それを男性は勘違いしたようでした。

「なんだ、やっぱり〝本物〟じゃなきゃだめなんだな？」

そう言ってオマ〇コからおもちゃを抜きました。

「あうっ……！」

私のオマ〇コは、おもちゃの刺激でおかしくなっていました。おもちゃを抜かれると、あるべきものがあるべき場所にない喪失感を覚えました。

「ねえ……お願い……ちょうだい……ここに……！」

男性は私の言葉を聞くと満足そうな顔をして自分のペニスをつかみ、私のオマ〇コにあてがってきました。ついさっきまでおもちゃで犯されていたので、あてがわれただけでものすごい刺激で、私は悶絶しました。

「いくぞ……」

男性はそう言って腰を落としてきました。生のペニスの、生の体温を感じました。こればかりは、おもちゃよりも本物のほうが勝っていました。

私は男性の首に手を回して、声の限りに叫びました。

「お願い、きて……！」

男性は私の声にこたえて、思いっきり腰を振りはじめました。

強い快感が奥から込み上げてきました。もう何度もイッたはずなのに、さらにそれ以上に強い快感の予兆が、腰の奥からやってくるのです。自分のオマ○コが自然にペニスを締めつけていくのを感じました。

「うっ……イクぞ……！」

男性はペニスをつかんで私から抜いて、オマ○コの上に出し尽くしました。

それと同時に、私もアクメに……これまでに感じたことがないほど強いアクメに、達してしまったのです。

第四章　変態的な交姦に溺れ新たな性癖を知り

ジム通いで見られたい願望と性欲が上昇
トレーナーを誘惑して逞しい牡竿を貪り

宮間香苗　主婦・三十二歳

私がスポーツジムに通いはじめたのは、体重が増えてダイエットを意識するようになったからです。

もっとも最初のうちはろくにジムのマシンも使いこなせず、トレーナーさんに組んでもらったメニューにもまったくついていけませんでした。あまりにつらくて泣き言ばかりだったので、どうせ長続きしないだろうと夫にも言われました。

ところが入会金がもったいないからと意地で続けていると、少しずつトレーニングの成果が出てくるようになったのです。体はやせて筋肉がつきはじめ、体型が変化しているのは明らかでした。

こうなるとトレーニングが楽しくなり、本格的な筋トレメニューに取り組みはじめました。夫はそんな私を不思議な目で見るようになっていましたが、構わずに毎日ジムに通いつづけました。

そうして半年もすると、私はトレーナーさんも顔負けの引き締まった体と筋肉を身につけたのです。

以前のたるんだ体とはまったく違う、惚れぼれするようなスタイルでした。理想の肉体だけでなく自信も手に入れ、鏡の前で自分の姿に見とれる時間が増えていきました。

こうなってくると、今度はもっと大勢の人にも見てもらいたい欲求が、私の中に芽生えてきたのです。

ジムには男性の会員も大勢います。もちろんまじめにトレーニングをする男性が大半ですが、中には女性会員のトレーニングウェア姿を目当てにジムに通っている人もいるようです。

私はそうした人たちのために、あえて大胆な格好をするようになりました。

上半身はトレーニング用のスポーツブラ、下半身は短いレギンス一枚という姿です。女性の中でも特に肌の露出が多く、そして目立つ格好でした。

もちろん堂々とこんな姿を披露できるのは、鍛えた体があるからです。

男性たちは私のそばを通り過ぎるときに、誰もが視線を送ってきます。ジロジロと見てくる人もいれば、私に気づかれてあわてて視線をそらすなどその反応はさまざまでした。

私はそうしたいやらしい目で見られることも快感になっていました。家では平凡な主婦でしかない私が、こんなに注目を浴びるなんて日常生活ではけっして味わえません。

ところがその一方である悩みも抱えていました。

ジムで体を鍛えるようになってから、性欲まで旺盛になってきたのです。

特にトレーニング後は疲れているにもかかわらず、抑えがきかないほど体がムラムラしてくるようになりました。

しかし夫はいくら私が欲求不満になっていても、まったくセックスをしようとはしません。鍛えたいまの体よりも、以前のたるんだ体のほうがよかったと言って、手を出してこないのです。

あきれてしまった私は、もう夫へセックスを期待するのは諦めました。

そのかわりに目をつけていた一人の男性をターゲットにしたのです。

ジムにはマンツーマンで指導をするパーソナルトレーナーが複数います。その一人が海野(うみの)さんという年下の男性で、私はひそかに彼のことが気に入っていました。

もともと私がまったくの素人だったころに、マシンの使い方やトレーニングメニューを組んで指導してもらっていた先生です。とても親切で、隣に立ってかけ声まで出してくれるので、先生のおかげでがんばることができました。

私が本格的に鍛えるようになってからは、指名してトレーニング中はそばについてもらっています。

この日も私はレッグカールという、太腿の筋肉を鍛えるマシンで汗を流していました。

「いいですよ。もっといきましょう。あと十回、がんばってください」

先生のかけ声に合わせて、なんとか力を振り絞ってラストまでたどり着くことができました。

最後までメニューを消化してしまうと、ヘトヘトでしばらく立ち上がることもできません。体は汗びっしょりで手も足も筋肉がパンパンです。

「ああ、疲れた。もう限界です」

私がそう言うと、先生もがんばりをほめてくれます。気持ちよくトレーニングしてもらうために、やる気を引き出そうとしているのでしょう。

もっともこの日の私は、トレーニングよりも大事なことをたくらんでいました。実はトレーニングウェアをいつもより大胆なものに変えていたのです。これまでのスポーツブラよりも生地が薄く、汗をかいてしまうと乳首の位置がはっきりとわかりました。

先生もそのことには気づいていたのでしょう。トレーニング中はずっと私の胸にばかり目が向いていました。

先生に見られていると思うと、それだけでムラムラした気持ちになってきます。とはいえ、これだけではまだ物足りません。せっかく近くにいるのだから、もっと私の体をいやらしい目で見てもらいたかったのです。

「見てください。こんなにお尻も引き締まってきたんですよ」

トレーニングの成果を見せるため、わざとお尻をアピールしてみせました。

レギンス一枚だと、お尻の形もほぼ丸わかりです。先生も女性のお尻は見慣れているでしょうが、さすがに少し照れているようです。

「どうですか？　先生から見てセクシーに感じますか？」

「え……ええ、そうですね。十分にセクシーだと思いますよ。お尻だけでなく全身が引き締まってますから」

まじめな先生は、あくまでトレーナー目線で私の体を見ています。それでもアピールもかなりきいているようでした。

気がつくと、私は汗だけでなくいやらしい液まであそこから溢れさせていました。ノーパンのレギンスには、くっきりとシミが広がっています。

私は先生にだけ見えるように、こっそり足を広げて股間のシミを見せつけました。

「えっ……」という感じで先生も驚いて目を見開いていたので、きっと私が濡れていたことに気づいていたはずです。

もう私は我慢できなくなりました。見られて興奮しただけでなく、欲求不満が爆発してしまったのです。

「先生、ついて来てください」

私はそう言うと、先生の腕を引っぱって強引にトレーニングルームから連れ出しました。

向かった先はジム内のシャワールームです。入り口はもちろん男女別になっていますが、私は迷わずに先生を女性用のシャワールームに引っぱり込みました。

「ちょ、ちょっと待ってください」

あわてている声も聞かず、そのまま一列に並んだ個室の一つに閉じ込めてしまったのです。

幸いにもシャワールームに利用者はいなかったので、誰にも見られずにすみました。男性を無理やり連れ込んだ現場を人に見られては、さすがに騒ぎになるので自分でもホッとしていました。

ただ先生は困惑したまま、こんな場所に連れてきた私を必死になって説得しようとしています。

「どうか落ち着いてください。このままだと人が来て見つかってしまいますよ」

「もう我慢できないんです。私の体を慰めてください」

そのまま私は体を押しつけ、先生の唇を奪ってしまいました。

かなり強引な手段でしたが、鍛えた私の体は男性でもそう簡単には引き剝がせないはずです。両腕を背中に巻きつけながら唇に吸いつき、舌も絡めてなかなか離れませんでした。

ようやく私が唇を離すと、先生も力が抜けたように口を半開きにさせています。

「ああ……」

いきなりキスをされて放心状態のようでした。しかし、いやがっていないことは、まったく抵抗しないことから明らかでした。

ずっと体をムラムラさせていた私は、それだけで先生のことが欲しくてたまらなくなりました。

私が身に着けているものは、汗で濡れたトレーニングウエアだけです。上下とも一枚しかないので、あっという間に全裸になってしまいました。

いまの私の体は贅肉がなくなり、代わりに筋肉が全身についています。

特にお尻から太腿にかけて、かなり鍛え上げてあります。以前よりもひと回り大きなサイズになったお尻は、誰に見せても恥ずかしくありません。

それとは反対に胸のサイズだけは、鍛えれば鍛えるほどに小ぶりになっていきました。Bカップしかありませんが仕方ありません。

先生はそんな私の裸を、まじまじと正面から見つめています。

「先生のおかげでこんな立派な体になれたんですよ。ぜひ一度、どんな具合か味わってみてください」

せっかく鍛え上げた自慢の体です。夫がまったく興味を示してくれないのなら、せめて先生に抱いてもらいたかったのです。

もちろん私自身も、性欲がふだんよりも限界に近いほど高まっていました。でなければこれほど強引な手段で先生に迫ったりはしません。

「でも、こんな場所で……」

「だいじょうぶです。ちゃんと見つからないようにしますから」

大きな声さえ出さなければ、シャワールームの外には聞こえないはずです。

このままぐずぐずしている時間ももったいないので、すぐさま私も先生のズボンを脱がせはじめました。

なんだかんだ言いつつ、先生もしっかり股間をふくらませていました。私が脱がせようとしても抵抗せず、おとなしく立ったまま待っています。

下着もすべておろしてみると、想像以上に立派なペニスが飛び出してきました。

「やだ、すごく元気じゃないですか！」

私の体を見てこんなに興奮してくれていることが、うれしくてなりませんでした。

硬く勃起しているだけでなく、男臭い蒸れた匂いもします。夫に抱かれることもしばらくなかったので、この匂いをかぐのも久しぶりでした。

「ああ……素敵です。とっても」

しゃがみ込んだ私は、すぐさま先生の股間に顔を埋めます。

「ううっ」

ペニスの先を咥えると、先生は小さく声を出して腰をふるわせました。

こんなにも積極的におしゃぶりをしてあげたのは初めてです。やはり性欲が高まっていると、遠慮もなくなってしまうのかもしれません。

呑み込んだペニスにいやらしく舌を絡みつかせ、唇で締めつけてみせます。

そうすると先生は「おおっ」と気持ちよさそうに喘いでいました。どんどん口の中で硬さが増して、はちきれそうになっています。

しばらくフェラチオを楽しんでいると、シャワールームの前を通り過ぎる女性の声がしました。

一瞬、私は口の動きを止めかけましたが、中に入ってこないのがわかるとそのままフェラチオを続けました。

「ああ、ビックリした。よくこんな状況で平気ですね」

ただ先生はかなり冷やひやしていたようです。こういうときは案外、女性のほうが度胸があるのかもしれません。

私もできるならばゆっくりと楽しみたいのですが、いまはどんな場所であってもすぐに抱いてもらうのが最優先でした。

そのためには、どうしても先生を本気で欲情させなければいけません。ペニスを頬張っている私も必死になっていました。

「どうですか。そろそろセックスをしたくなってきましたか?」

私の問いかけに、先生もためらいながらも「はい」と返事をしてくれました。

そうとなれば、さっそく……と言いたいところですが、私の体も先生によく知ってもらいたいのです。

トレーニング中に先生の視線を感じてから、ずっとあそこは疼きっぱなしでした。私がどれだけいやらしい体をしているのか、もっと近くで見てもらおうと思いました。

「見てください。私のここ、もうこんなに濡れてるんですよ」

先生をしゃがませると、その顔に私は股間をさらしました。

レギンスにシミをつくるほど、あそこはたっぷり濡れています。それに加えておしゃぶりをしている最中も興奮はまったく収まらずに、次々と愛液が溢れ出してきていました。

おかげで立っているだけで、あそこから糸を引いているありさまです。

「ああ……」

こんな淫らな姿を見られていると思うとゾクゾクしました。ただでさえ欲求不満だった体には、耐えきれないほどの刺激です。

「舐めてください、早く」

我慢できずに私はそう先生に命令をしていました。

するとと先生も、待ってましたとばかりにあそこに顔を埋め、むしゃぶりついてきたのです。

「あんっ……！」

突然の快感に、思わず私は大声で喘いでしまいました。

しかしすぐに口を手で押さえ、必死になって声が洩れるのを我慢しました。こうでもしなければまちがいなく喘ぎ声が外にも聞こえていたでしょう。

もっとも、いくら我慢をしても、先生の舌であそこを舐められると、休みなく快感が襲ってくるのです。

しかも先生は指も使ってあそこの内側をかき回してきました。中に入れた指を出し入れさせながら、グイグイと奥まで突いてくるのです。

「んんっ、んっ……んっ」

どうにか声は抑えているものの、何度も足が崩れ落ちそうになりました。

よくよく考えてみれば、トレーニング後の私は汗まみれで、お世辞にも清潔とは言えません。そんな体でもよく先生はいやがらずに舐めてくれたものだと思います。

「ああっ、もう……ダメッ」

いよいよ私もこらえきれず、先生の頭を股間から離しました。

もちろん次に私が求めるのはセックスです。横になれる場所でもあれば簡単ですが、シャワールームの狭い個室ではとても無理です。

そこで私は強引にでも、立ったまま抱いてもらおうと思いました。

まずは先生を壁際に立たせ、そこへ私が正面から体を押しつけます。うまく腰の位置とペニスの角度を調整し、私のあそこへ入りやすいようにしました。

身長は先生のほうが高いのですが、腰をやや屈めてもらえばだいじょうぶです。

「動かないでくださいね。私がいまから入れさせてあげますから」

まるで男性のように、私は自分からリードをしてつながろうとしました。

足を広げてペニスの先を跨ぐと、そのままゆっくり腰をおろします。

途中で抜けてしまわないように、慎重に体重をかけました。すんなりとペニスの先が入ってくると、あとは腰を密着させるだけです。

「ああんっ」

あれほど気をつけていたのに、また大きな声が出てしまいました。

そうなってしまうのも仕方ありません。私にとってはほんとうに久しぶりに味わうセックスの快感だったのです。

深くつながってしまうと、私は体を先生に預けて背中に手を回しました。

「どうですか？　気持ちいいですか？」

「はい……すごく締まりがよくて、たまらないです」

先生も私の体を支えながら、そう答えてくれました。

やはり下半身を鍛えるとあそこの締まりも増すのでしょう。この歳で先生に悦んでもらえるのは、まちがいなくトレーニングのおかげです。

せっかくあそこの具合をほめてもらえたのだから、もっとトレーニングの成果を見てもらおうと思いました。

「いまから、もっと気持ちよくしてあげますから」

そう言うと、私は立ったまま腰を波打たせました。

先生はまったく動いていないのに、ペニスだけがあそこに出入りしています。

「ああっ、いい……」

腰を動かしながら、私は先生の胸で甘い声をあげました。

クイクイと小刻みに腰を揺らすだけで、かなりの運動です。先生に悦んでもらえるように、できるだけすばやくお尻にも力を入れているからです。

もっとも私には鍛え上げた足腰があるので、これぐらいで疲れるなんてことはありません。

「待ってください。もう少し手加減してもらわないと……」

先に音をあげそうになったのは先生でした。どうやら私の腰づかいはよっぽど激しかったようです。

そこで今度は少し力を抑え、先生にも腰を動かしてもらいました。

お互いのリズムが合ってくると、より深くペニスが突き刺さってきます。私にはそれがたまらない快感でした。

「すごい、先生！　こんなの初めてです。あっ、ああっ、すごいっ！」

あれほど興奮してしまったのは、シャワールームでのセックスというスリルもあったのかもしれません。

いつしか先生も私を抱くのに夢中になっていたようでした。もう多少シャワールームの外で人の話し声が聞こえても、まったく止める気配はありません。

私もこのまま最後まで先生から離れるつもりはありませんでした。射精が近いことがわかっても、手をゆるめるどころか逆にお尻を強く押しつけてやったのです。

「ああ、もう出そうです。このままだと中に出ちゃいますよ」

先生にそう言われても、私はしっかりと先生の腰にしがみついていました。

「いいんですよ。遠慮せずに、出してください」

私がそう言い終わると、すぐに先生は「ううっ」とうめき声を出しました。

あそこの奥に、じわっと生温かいものが広がってゆくのがわかります。

目の前では先生が気持ちよさそうにハァハァと呼吸をしています。どれほどの快感を味わっているのかが、表情からも伝わってきました。

これで先生も、私の体の味を覚えてくれたでしょう。

あとは見つからないようにシャワールームから脱出をするだけです。私が先に出て人がいないことを確認し、急いで先生を連れ出しました。

「また機会があったら、お願いしますね」

まるでトレーニングサポートのお願いをするように、私はそう先生に言って別れました。

そのときの先生の顔は、うれしそうな困ったような、とても複雑な表情でした。セックスはしたいものの、今日みたいなことをされてはたまったものじゃない、とでも言いたげでした。

私もさすがに今回のような強引な手段で迫ったのは一度きりです。

そのかわりに、私は性欲をコントロールするために、よりトレーニングに力を入れるようになりました。

相変わらず露出度の高いウェアで、男性会員たちからの視線をジロジロと浴びつづけています。もし私の姿に欲情して声をかけてくる人がいれば、そのときは気軽にお楽しみをさせてあげるのです。

きっと私は性欲が尽きるまで、ジムでトレーニングを続けていくことになるのでしょう。

出会い系サイトで知り合った美女二人組 会ったその日に夢のような3P初体験

椎名憲一　会社員・二十一歳

少し前に彼女にフラれて落ち込む日々が続いていました。

フラれる理由は、いつも「まじめすぎる」「優しすぎる」からだそうです。その前の彼女からも別れるときに同じようなことを言われました。

確かにぼくは一途で、浮気なんかしたこともないし、酒もあまり飲めないから友人とのつきあいも少なく、いつでも彼女を最優先にしてきました。最初は彼女たちも、そういうところがいいって言ってくれていたんです。けれど時間の経過とともに、退屈な男とみなされてしまうようでした。

その証拠に、前の彼女もその前の彼女も別れたあと、すごくチャラい男とくっついているんです。

結局女は、危険な香りのする男に弱いんだな、なんて思えてきてぼくも少しは遊び人を見習ってみようかなんて考えはじめたのです。

そんなことを友人に話すと、出会い系サイトを勧められました。まずはいろいろな女の免疫を作れと言われたのです。

SNSというものすらほとんど利用したことがなかったのに、いきなり出会い系なんて上手くいくかな？　と不安だったのですが、ものは試しにメッセージを送ってみました。

すると、そんな無欲さが功を奏したのか、とんとん拍子で二十三歳の彩花さんという女性と会うことになったのです。

彼女は「慣れてない素朴な感じがいい」とぼくに興味を持ってくれたようでした。

やっぱりそういう印象を与えてしまうんだなと反省しつつ、これからのぼくはまじめなだけの男じゃないぞ！　遊び人風にワイルドに生きるんだ、なんて自分に言い聞かせて、約束の場所に向かったのです。

お互いに写真も交換し合っていたので、待ち合わせ場所でスルーされる心配はありませんでしたが、写真の彼女があまりにかわいいので、何かの詐欺じゃないかとこちらが疑ってしまったくらいでした。

現れた彼女は、写真よりもかわいくてびっくりしました。スタイルも抜群でモデルさんみたいです。もう一つ驚いたのが、横にもう一人女性がいたことです。

「友だちの七海です」と紹介されました。

不安だったので、友だちを連れてきたとのことでしたが、遊び慣れていないぼくがいきなり初対面の女性を二人も相手にすることになるなんて、あまりにも荷が重すぎて一瞬逃げ出したいような気持ちになりました。

けれどぼくは、そんな自分を鍛えるために出会い系を利用したことを思い出し、自分を奮い立たせました。

彩花さんが小動物系なのに対し、七海さんは派手な化粧がよく似合う大柄な女性で、いかにも肉食系といった感じです。

もしもその日、変な男が現れたら、彩花さんを守ってやるつもりだったそうです。面倒見のよい姉御肌で、なにかと場を仕切ってくれるので助かりました。

とりあえず、緊張を解すために飲みにいくことになりました。

二人は学生時代からの親友だそうで、気心の知れた会話で盛り上げてくれる分、そこに参加させてもらったようなかたちとなり、結果的には二人きりよりよかったのかもしれない、なんて思いはじめていました。

七海さんはもともと人なつっこいタイプのようです。

お酒がすすむにつれて、下ネタなども連発しながら、ときおりぼくに寄りかかってきたり手を握ってきたりして、緊張を解いてくれました。

彼女のおかげで、まじめなぼくもいつしか砕けた感じで話ができるようになっていたのです。

「彩花さんて、こんなにかわいいのに、なんで彼氏がいないの?」

すると、彩花さんの代わりに七海さんが答えました。まるでつき添いの保護者みたいです。

「この子ね、少し前までKポップアイドルに夢中で推し活ばかりしてたの。だから生身の男のよさを教えたくて、私が勧めたのよ」

「だからって、どうしてよりによってぼくなんか?」

素朴な疑問でした。するとまた七海さんが答えました。

「ウフ。あなたが推しに似ているからよ、ね? 彩花。ほら見てみて、これ」

そう言ってスマホを見せられたのですが、そこに映るアイドルは確かにどことなくぼくに似てますが、けっして美男子とは言えない顔なので複雑な思いでした。かわいいからすぐに彼氏はできるらしいのですが、推し活に熱心なあまり、短期間で別れてしまうのだと言いました。

「好みの顔なんだから、今度こそアイドルを卒業してあなたに夢中になるかも」

七海さんがけしかけるように言うと、彩花さんはぼくの顔を見ながら恥ずかしそうに微笑んでいました。

いずれにせよ、彼女に気に入ってもらえたことは確かなようなので、安心していました。

飲みすすめるうちに、彩花さんの色白の頬はかわいらしいピンク色に染まっていき、ほんのりとした色気をかもし出していました。一方、七海さんは顔色ひとつ変えず、まさに酒豪といった感じでした。ぼくもそんな二人にあおられて、いつになく多めに飲んでしまいました。

ところが調子に乗りすぎたようで、足元がふらついて転んでしまったのです。

「ちょっと、大丈夫？　お酒弱いなら言ってくれればいいのに」

七海さんがそう言ってぼくの肩を抱きかかえてくれました。

ひとまず店を出ることになり、両側から二人の女性に支えられて歩いたのです。

「ねえ、ちょっと、ここで休んでいかない？」

七海さんが足を止めたのはラブホテルの前でした。

一瞬驚きましたが、そうか、とりあえず休むためだもんな、と納得して部屋に入りました。

ラブホテルも、追加料金さえ払えば三人で入れることを初めて知りました。遊び人を目指すならそういうことも知っておかなければいけません。

水を飲んでベッドに寝かされ、女性たちの他愛もないおしゃべりを聞きながらいつの間にかウトウトしてしまったようです。

しばらくして、キャッキャッとはしゃぐ二人の声で目を覚ましました。

そして、一瞬で目が冴えたのです。

ぼくの隣には下着姿の七海さんが添い寝していて、目の前のソファには、バスローブ姿の彩花さんが座っていました。

「あら、起きた？　フフ。このまま起きなかったらどうしようかと思った」

七海さんがのぞき込むように顔を近づけてきて言いました。

彩花さんはそれを見て笑いながら、軽い口調で言いました。

「ほら、びっくりしてるじゃない。七海ったらいきなり脱ぐんだもの」

どうやら彼女たちにとって、その状況は、それほど珍しくないようでした。

いまどきはこういう遊び方が普通なのか？　ぼくが古い人間なのか？　と頭を混乱させていると、七海さんの手がぼくの体を這い回ってきました。

彼女は彩花さんと会話をしながら、あたりまえのようにぼくの股間をなではじめたのです。

驚いて「ちょっと待って」と言うと、彩花さんが申しわけなさそうに言いました。

「ごめんね。七海は酔うといつもエッチになるの。私の恋人候補なのにねえ」

その状況に驚きつつも、あまりにもぼくにとって好都合なことばかりなので、もしや美人局ではないかと勘繰ってしまいました。

けれど二人は居酒屋で身分証まで見せてくれたし、勤務先も教えてくれたのです。考えすぎかな、なんて思っているうちに、着ていた服を脱がされていました。

「最近彼氏と会えなくて。しばらくやってないからムラムラしちゃう」

七海さんはそう言いながら、トランクスの上から性器を刺激してきました。

「アハ、大きくなってきた。あれ？　けっこうすごいかも」

華やかなネイルを施した指先でていねいにこすられているうちに、ムクムクと大きくなってしまったのです。

「いまはまだ、彩花の彼氏じゃないからフリーよね。みんなで愉しもうよ」

彼女の言葉を聞いて、ぼくは怖気（おじけ）づいてしまいそうになったことを反省しました。こんなチャンスはめったにないぞ、臆病風を吹かせていたらいつまでたっても遊び慣れた男になんかなれない、そう言い聞かせて彼女の愛撫を心地よく受け入れることにしたのです。

あらためてよく見ると、七海さんのおっぱいはとても大きくて、ブラジャーからはみ出しそうになっていました。

「彩花も早くこっちに来てよ。あんたの恋人候補だから最初のキスは譲ってあげる」

七海さんに声をかけられた彩花さんが、ようやく近づいてきました。

「もう、七海はせっかちね。ちょっと電気を暗くしてもいい？　恥ずかしい」

彩花さんは、恥ずかしそうにバスローブの胸元を手でおおいながら近づいてきました。

七海さんが照明を落とすと、彩花さんもぼくの隣に寝そべってきました。七海さんが、その様子を見守りながら言いました。

「今日はあたしが二人の初夜を見届けるね。彩花はちょっと奥手だから」

両側から女性たちの体が押しつけられてきて、身動きもできません。七海さんに握られている股間は、さらに激しく勃起していました。

部屋がうす暗くなると、はしゃいでいた二人も静かになって、急に妖しげなムードに変わりました。

じっとぼくの顔を見ていた彩花さんが、ゆっくりと顔を近づけてきました。

「キスしてもいい?」

そう言われて、もちろんうなずいていました。

おおいかぶさるようにして、彩花さんが唇を重ねてきました。柔らかくてふっくらとした唇の感触と、顔にかかるサラサラの髪の感触に、思わずうっとりひき込まれていきました。

七海さんは、ぼくのモノをゆっくりとしごきながら、その様子を隣で見つめていました。

「あーん、二人ともイイ感じじゃない。ウフ、見てると興奮してきちゃう」

そんなふうに言いながら、ぼくの耳たぶや首筋にキスをしてきたのです。

ぼくもだんだん興奮してきて、彩花さんの唇に舌をねじ込み、激しく吸いついていました。

七海さんが、ハァハァ息を荒げはじめて、自分でブラジャーをはずしました。こぼれ出た巨乳をぼくの頬にこすりつけてきたのです。唇を彩花さんにふさがれたまま、柔らかい巨乳で顔を圧迫されているとクラクラするほど興奮しました。

「ねぇ、彩花もおっぱいが性感帯なのよ。さわってあげて」

七海さんにささやかれて、恐るおそるバスローブの合わせ目に手を突っ込んで、もんでみました。

「アン、アァァ、気持ちいい」

彩花さんがかわいらしい喘ぎ声をあげはじめました。ちょうど手のひらに収まるようなプルンとしたおっぱいで、小さめの乳首がぷっくりととがっていました。

「彩花も脱いじゃいなさいよ、もう感じてきたでしょう?」

七海さんが、恥ずかしがる彩花さんを促しました。すると彩花さんは、トロンとした目をうるませながらうなずいて、裸になったのです。

彼女が脱いだ瞬間、あまりにもきれいな体に目を奪われました。

形のよい胸はツンと上を向いていて、くびれたウエストからカーブを描くように張り出したヒップラインは、思いのほかふっくらと丸みを帯びていました。

スラリと伸びた長い脚のつけ根には、白い肌と対照的な黒々とした陰毛が、きれいな三角形にととのっていました。

幼い顔立ちと、なまめかしい体つきのギャップがたまりません。裸になった彼女は再びぼくの横に来て、その美乳を差し出してきたのです。

手のひらで包むようにもみながら、ふくらんだ乳首に吸いついていました。

「あっ、あっ、いい、ダメエ、溶けちゃいそうっ」

彩花さんが喘ぐと、じっと見ていた七海さんも興奮したように言いました。

「じゃあ、あたしは、下のほうにキスをしちゃおうかな」

ぼくの下半身に移動した七海さんに、トランクスを脱がされてしまいました。

いつになくビンビンにそり返ってしまっているのが自分でもわかりました。

ふだんは酒を飲んだらあまり勃起しなくなるのですが、そんなふうに女性二人に責められたら、酔いなど吹き飛んでしまいます。

七海さんはぼくのモノを握り締めると、ペロペロ舐め回しはじめました。若いくせに男の体を知り尽くしているような、優しくねっとりとした舐め方です。

「すごく大きくなってる。彩花も見て。写真のアイドルより興奮するでしょ」

二人の女性の視線が自分の股間に集中していると思うと、恥ずかしいような誇らしいような不思議な気分になりました。

やがて七海さんは、ぼくのモノを口に入れると激しい勢いで頭を上下させはじめました。それを見ていた彩花さんも、アハ、アハとなまめかしい吐息を洩らしながらさらに胸を押しつけてきました。

「あ〜ん、舐めてるだけでオマ○コびしょ濡れになっちゃったぁ。彩花は?」

七海さんが、彩花さんの股間に手を伸ばしました。

「うわ！　彩花のほうがベッチョベチョ。あたしに負けないくらいエッチね」

そのやりとりを聞いて思わず手を伸ばすと、彩花さんの陰部は、三角形の陰毛まで湿るほど激しく濡れていたのです。指が吸い込まれてしまいそうでした。

「彩花、舐めてもらいなさいよ。ほら、顔の上に跨って」

え、こんなにかわいい子がそんなことをしてくれるのか、とびっくりしましたが、彼女は七海さんに言われるまま、ぼくの顔に跨ってくれたのです。よほど七海さんのことを信頼しているようでした。

目の前に、赤い亀裂が現れました。ワレメはヌルヌルに光っていて、そこを指で広げると、蜘蛛の糸みたいに透明な愛液が顔に一筋こぼれてきました。

丸いお尻をもみながらワレメに鼻を押しつけて、無我夢中で舐めていました。

「アッ、アッ〜〜、すごい、感じるぅ！　ハァ、ハァ」

彩花さんの喘ぎ声がいちだんと大きくなりました。

「彩花、そのままシックスナインよ。いっしょにオチ〇チン舐めよう」

七海さんが股間を手でしごきながら言うと、上半身を倒した彩花さんもいっしょになってぼくのモノにしゃぶりついてきたのです。

二人の舌が敏感な部分に絡みついてくる感触に、何度もイってしまいそうになりましたが、なんとかこらえられたのは酒が入っていたおかげかもしれません。

「アァ、このオチ○チンやっぱり大きい。入れたらすごく気持ちいいわよ」

七海さんが呼吸を乱しながら、物ほしそうに言いました。

「彩花、今度はこっちに跨って入れてみて。早く入れないと出ちゃうかもよ」

彩花さんは、ぼくの顔の上でお尻を振りながらそれにこたえました。

「でも、私、上に乗ったことないもん。お手本見せて」

すると七海さんが、「いいの？　じゃあ、お先に」と、ぼくの股間に跨ってきたのです。そり返ったモノを握り締めながら、自分の股間を押しつけてきました。

「待って、ゴムを着けないと。ぼく、すぐにイッちゃうかもしれないよ」

あわてて言うと、ウフフと笑われてしまいました。

「いやん、カワイイ。いまどきピルは常識よ。特にあたしみたいなスケベ女は」

彼女はあっけらかんと言って、大きなお尻を股間に沈めてきました。

七海さんのアソコも、彩花さんに負けないくらい激しく濡れていて、彼女が腰を突き出すだけで根元までヌルンッと吸い込まれていきました。

「あっ、すごいっ！　ンハァ……気持ちいい。こんなにいいの久しぶりよ～」

穴の中に吸い込こまれると、ナマでしか味わえない細かなヒダの感触に包まれました。温かく湿った柔らかなヒダは、ぼくのモノに絡みつくようにウネウネと動いていました。

下半身に走る気持ちよさをぶつけるように、彩花さんのアソコに舌をねじ込みながら、さらに激しいクンニをしていました。

「アッ、アッ、そんなにされたらお顔の上でイッちゃう！　だめ、だめッ」

彩花さんが、お尻を小刻みにふるわせながら叫びました。アソコからは絶え間なく愛液がわいてきて、ぼくの顔面はべとべとにされていました。

「彩花、あたしもイキそうっ！　すっごく奥まで届くんだもん、アハァ、イク」

大柄の七海さんが勢いよく腰を振ると、ベッドがミシミシ音を立てました。

顔面も下半身も女性に押さえつけられてしまい、まるで犯されているような興奮です。こんな快感は過去に味わったことがありません。

「あ〜ん、まだ出しちゃだめよ、私も入れたい」

彩花さんが七海さんから奪うようにして、ぼくの股間に跨ってきました。

かわいい顔をゆがめて、サラサラの髪を振り乱しながらぼくのモノを握り締めるのです。騎乗位に慣れていない彼女がとまどっていたので、男らしく腰をつかんで下から一気に突いてあげました。

「すご～い、ハァ、気持ちいい！　もっと突いてぇ」

慣れてくると彼女は自分から、腰を振りはじめていました。

長い脚を折りたたんで、くびれた腰を前後左右に回転させる姿に思わず見とれてしまいました。彼女が腰を振るたびに、プルンプルンと揺れるおっぱいがあまりにいやらしいので、力いっぱいもみました。

そのまま、彼女の姿を見つめてイキそうになったとき、目の前に突然七海さんの陰部が迫ってきました。

「あたしのここも舐めて！　アハン、まだ、全然足りないんだもの～」

見上げると、迫力満点の巨乳が視界をふさいでいました。

彩花さんのアソコがキュキュッと締まってきて、思いきり発射していました。

なぜか七海さんにひどく気に入られてしまい、そのあとも二人とときどき会って酒を飲んだりセックスしたりしています。ぼくはセフレという位置づけらしいです。いまはまだ翻弄（ほんろう）されていますが、彼女たちを攻略できればぼくもいっぱしの遊び人です。

セックスレス主婦に欲求不満解消の好機 同窓会で体育会系男たちの性玩具となり

山下美穂　主婦・四十歳

運動部のパワハラや体罰指導がなにかと話題になる昨今ですが、スポーツが盛(さか)んな高校に通い、青春時代をマネージャーで過ごした私にとっては、どうしても違和感を持たずにいられません。運動部コーチや先輩の暴言や暴力を伴うシゴキはごく普通のことでしたから、それがあたりまえだと思ってしまうのです。

性的なことについても同じで、日常的に肉体を鍛錬(たんれん)し勝った負けたと勝負に一喜一憂するスポーツマンは、たいてい男性ホルモン・テストステロンが過剰気味で、性衝動で一触即発の爆弾みたいなペニスを抱えているものでした。

私自身は被害にあいませんでしたが、男子部員たちがマネージャーの誰それを輪姦した、みたいな噂は常にありましたし、たいていはみんな被害者の女子は泣き寝入りをして、それを学校が速やかにもみ消していました。

あくまでも同意の上だった、いやそれどころか女子が誘った、とにかく騒ぎになると試合に出場できなくなるし、学校の評判は落ちるし、なにより被害女子がよけいに傷つくからここは内々に処理して、あとは当事者だけがこっそり転校、みたいな事故処理マニュアルが出来上がっていたように思います。

昔の部活仲間と会えばそういう話題ばかりでした。実はあの美人マネの誰それの輪姦には俺も参加していた、俺も俺も実は俺もと告白者続々で、あきれるのを通り越して笑ってしまったものでした。

そんなスポーツ部の同窓会となれば、期待しないわけにはいきません。十六歳で初体験して以来、常に彼氏かセフレがいて、セックスの相手に困ることのなかった私ですが、結婚十五年目にして夫はまったくしてくれなくなり、ここへきてまさかのセックスレス。四十歳になるなりセックス引退なんて考えていませんでしたから、同窓会に期待しないわけがないのです。

同窓会は温泉地の旅館で、宴会場での宴会のあと、各自の部屋に戻ったのですが、何人かはいちばん広い部屋に集まって飲みなおすことになりました。

OBは、当時仲のよかった田中（たなか）くん、本多（ほんだ）くん、山岸（やまぎし）くん合わせて六人でした。OGは私一人です。

田中くんはしきりに私の隣に座りたがり、夫婦生活のことを聞きたがり、ボディタッチをしたがりました。ヤル気満々といったところでしょうか。

実は彼とは学生時代にセックスしたことがありました。ほんの短い間でしたがつきあっていたのです。

そのころのことをなつかしく思い出しながら、私も負けじと冗談めかしてしなだれかかってみたり、ボディタッチを返しました。

「トイレに行くフリをして、俺の部屋へ行かない？」

耳元で田中くんがささやきました。もちろん否はありませんが、彼の部屋は廊下を挟んで向かいの部屋です。昔ながらの日本旅館ですから、襖仕立ての扉があるだけでした。さっそく部屋を移動して抱き合った私たちでしたが、大部屋からでも耳をすませば、何をしているかは筒抜けだったでしょう。

田中くんが私の浴衣のすそから手を差し込んで体をまさぐりました。浴衣なんて、着ていても着ていなくても、最初からほとんど裸みたいなものです。乳房も股間もまったくの無防備で、さわり放題でした。

「ああん、あん、あああ……！」

ピンポイントに性感帯を狙ってくる彼の指技に、私はいちいち敏感に反応して体をくねらせ、声をあげてしまいました。

「そんな大声出したら、みんなに聞こえちゃうよ」

そう言って、田中くんが私の口をキスでふさぎます。甘い唾液が流れ込みました。

「だって、出ちゃうんだもん……」

田中くんの浴衣も乱れていて、私はその股間に手を伸ばしました。トランクスの上からでも、勃起していることがはっきりとわかりました。

「田中くんのも、もうこんなになってるじゃない」

今度は私が彼の体をまさぐる番です。昔筋肉だったものが、加齢ですっかり脂肪に置き換わっていて、それが微笑ましくもありました。

「鍛えなきゃいけないとは思っているんだけどね」

言いわけするようにそんなことを言う田中くんの言葉を軽く聞き流して、私はトランクスに指を差し入れペニスに直接さわりました。

「ここはちゃんと硬いんだから、いいんじゃない？」

指を絡めて軽くしごくと、それにこたえるようにペニスがぴくんと動きました。

「ねえ、口でしてあげようか？」

私はそう言うと答えを待たずに身を起こして田中くんのトランクスを脱がせました。ペニスが勢いよく飛び出します。

なつかしいペニスです。亀頭の張り出しはそれほどでもなく、そのかわり茎の部分がずんぐり太いのが特徴的でした。無骨で融通が利かなくて、でも情熱的な田中くんらしいペニス。

当時はもっと亀頭もピンク色でかわいい印象でしたが、そこはさすがに人生経験を経て色素沈着で黒ずみ、当時よりずっと凶暴な感じでした。

私は「O」の字に大口を開けて、正面から亀頭を咥えました。喉の奥に届くくらいに深く呑み込みます。口いっぱいにペニスを頬張るのは好ましい感覚でした。

「ああ……」

田中くんがうめきました。ちょっと裏声混じりになるところも昔と同じでした。

人は変わりますが、変わらないところもあるものです。

「君のフェラ、昔と同じだな。すごく気持ちいいよ……」

同じようなことを考えていたらしい田中くんが、そう言いながら私の髪をなでました。このタイミングで髪をなでるなんてずるいと私は思いました。優しい手つきが私の性欲をあおります。

でも、一見優しく思える行為ですが、田中くんは髪をなでつつも後ろ頭をつかんで、より深く喉の奥に亀頭が突っ込むのでした。やっぱりずるい。

「うう……！」

喉の奥を突かれて、思わずえずきそうになりました。でもこれも悪くありません。被虐の悦びとでも言えばいいでしょうか。嫌いじゃないのです。

「もう入れようよ。我慢できないよ……」

田中くんが言いました。望むところでした。田中くんに促されて彼の下腹部に跨りました。ペニスを逆手につかんで股間に導きます。そのまま騎乗位で迎え入れました。

「ああん！　ひいいい……！」

思わず大声を出してしまいました。久しぶりのペニスでしたし、太い茎に膣口を押し広げられる感覚が私を夢中にしたのです。

腰が勝手に動いて、私は尻を振ってピストンしました。どこがどの角度でこすれると気持ちいいか、肉体が知っているようでした。

「ああ、気持ちいい。すごい。ああ、ああん、あん、あん！」

我慢しようとしても我慢できるものではありません。隣室のことが気にならないわけではなかったのですが、どうしようもありませんでした。

「これ、絶対、聞こえてるよな」

下から腰を突き上げながら、田中くんがつぶやきました。切実な口調ではなく、どこかこの状況をおもしろがっているようでした。

そのとき、襖が開きました。

「おいおい、いくらなんでも声デカすぎだろ」

ニヤニヤと好色そうな笑みを浮かべて入ってきたのは、本多くんと山岸くんでした。二人は手に手にビール瓶とグラスを持っていました。ここで飲みながら私たちの行為を見学するつもりだったのでしょう。

そのあたりは、穴兄弟姉妹だらけのスポーツ部ならではの感覚なのかもしれません。

「もう、変態なんだから。わざわざ見にくることないじゃない！」

私はすねてみせましたが、腰を振りながらそんなことを言っても、説得力がないのは自分でもわかっていました。

「邪魔しないから。続けて続けて」

山岸くんがおどけた調子で言いながら、座り込んで飲みはじめました。言われるまでもなく、私も田中くんもやめる気はありません。そのまま騎乗位でピストンを続けていました。

「おまえらエロすぎ。俺も勃っちゃったよ」

そう言って、立ち上がったのは本多くんでした。浴衣の前をはだけて、勃起したペニスを引っぱり出しました。本多くんは私と仲のよかった女子部員、明美(あけみ)の彼氏でした。

「俺のも口でしてよ」

本多くんがそう言いながら、騎乗位で腰を振る私の顔にペニスを近づけました。

「明美にしてもらったら？」

私はそう言いました。明美も今回の同窓会旅行に参加していましたが、先に眠ってしまったようでした。

「俺、あのころホントはおまえのこと好きだったんだよ」

ウソかホントかわかりませんが、本多くんの言葉は私を喜ばせました。

「調子いいなあ……」

私は苦笑いしながらも、目の前のペニスに指を絡めました。複数プレイは初めてでしたが、これも悪くないと思いました。

本多くんのペニスは茎はそれほどではありませんが、亀頭が大きくて傘も張り出していました。これが明美の中に入っていたんだなと感慨がありました。

本多くんが腰を突き出して私の口に亀頭を押しつけます。私は口を開けて受け入れ、舌を絡めて本格的にフェラチオを始めました。

田中くんが下から突き上げるタイミングが合わなくて、ともすれば本多くんのペニスに歯を立ててしまいそうで、そこは注意が必要でした。

私が困るのをおもしろがっているのか、それとも一対一のセックスを邪魔されておもしろくないのか、田中くんはわざとタイミングをずらして腰を突き上げているようにも感じられました。

どうせなら協力して仲よく私の肉体を楽しめばいいのに、負けん気と対抗心はスポーツマンの本質なのでしょう。ライバルを得てよけいに闘争心を燃え上がらせてこその男らしさなのかもしれません。

私としては、二人の男性に同時に求められ、なぶられて、とてもいい気分でした。女としての価値が上がったような錯覚と高揚感があり、それがさらに性感を高め、性欲を昂進させるのでした。

やがて、手持ち無沙汰になった山岸くんも、参加しました。

「せっかくの巨乳が遊んでるじゃないか。誰も愛撫しないなら、これは俺が楽しませてもらおうかな」

そんなことを言って、私の背後に回って後ろから乳房をもみはじめたのです。

「ええ、三人でヤッちゃうの？　私、どうにかなっちゃうよ……！」

口ではそう言いましたが、もちろん悪い気はしませんでした。相手が三倍になれば快感も悦びも三倍というものです。

「ああ、気持ちいい。スゴイ……！」

私はさらに腰を回し、尻を振り立てて激しくピストンしました。すぐにでも絶頂に届きそうでした。

「イク。もうイクの。イッちゃうよ。ああ、ひい、ひい。ああん！」

全身ががくがくと痙攣するのが自覚できました。背筋がのけぞって、山岸くんの胸に背中を預ける格好になりました。

「すげえ締めつけだよ。俺もイクかも。このまま出していいよな？」

こうなることを予想したわけではありませんが、生理が重い私はもともとピルを飲んでいますから、中出しで妊娠する心配はありません。だから膣内で精液を受け止めることもできるのです。

田中くんのペニスが私の中で破裂しました。射精でした。ピストンについてはタイミングも何もあったものではなかったはずですが、私の膣内に及ぶ痙攣が彼のペニスを締め上げて、それが快感に繋がったようでした。

「ああ、出てるよ。出てるのわかるよ。素敵……」

私は膣内に熱い精液が広がるのを感じながら、うっとりとつぶやきました。

そのまま山岸くんに背後から抱きすくめられて脱力する私でしたが、すかさずに本多くんが正面に回り込みました。

「次、俺な。いいよな?」

返事も待たずに本多くんが正面から私にのしかかって、私の唾液で光るペニスを、田中くんの精液が逆流する膣口に押しつけて突っ込んできました。

「あああん!」

傘の張り出した本多くんのペニスが私の膣内をかき回します。何かで読んだことがありますが、そもそも亀頭の傘は、前にした男の精液をかき出すためにあるそうで、そういう意味では正しく機能していると言えるでしょう。

またしてもライバルへの対抗心と闘争心です。これも男らしさなのでしょう。膣内の田中くんの精液はすべてかき出され、膣内が本多くんのペニスでいっぱいになりました。

本多くんは正常位でピストンを主導するのが好みのようで、私を畳の上に押し倒してリズミカルに腰を叩きつけました。押しのけられる格好になった山岸くんは私の顔の横あたりに胡坐(あぐら)をかいて座り込み、片手で相変わらずおっぱいを愛撫しながら、もう一方の手で自分のペニスをまさぐっていました。

そういえば、山岸くんのペニスはまだ見たことがありません。好奇心が沸き起こります。私は身をよじって伸び上がり、山岸くんの胡坐に膝枕してもらう体勢になりました。手を伸ばし、その股間をまさぐります。

「何、自分だけ隠してるの。それってずるくない？　見せてよ」

私は山岸くんのペニスを引っぱり出しました。見せないのは自信がないからかと思いましたがそういうわけではありませんでした。田中くんや本多くんと比べても劣るどころか、彼らよりも立派なくらいでした。茎は太く、亀頭も大きく、それが驚くほど硬く勃起していました。

考えてみれば、男性ホルモン過多傾向の強いスポーツマン揃いなのです。陰茎の成長には男性ホルモンが不可欠ですから、みんな立派なモノを持っていても当然でしょう。

「すごいじゃない！　こんなスゴイの持ってるのに、なんで出し惜しみするの」

私は山岸くんのペニスに指を絡ませ、横からフェラチオを始めました。

一方で、本多くんのピストンが激しさを増します。目を向けると、山岸くんは膝が畳でこすれるのが痛かったのか、蹲踞の体勢になっていました。

相撲でも剣道でも、蹲踞の姿勢は攻撃に移りやすい体勢です。腰が自由になってピストンもそれだけ強烈になります。

「ああ、スゴイ。何、どうしたの？　スゴイ、イイ。でも、激しすぎ。そんなにしたら私壊れちゃうよ……！」

本多くんは無言で私を見つめていました。私が自分から山岸くんのペニスにむしゃぶりつくところをじっと見ていたのでした。彼のピストンが激しくなったのも、膣内でペニスがひと回り勃起力を増したのも、私がほかの男にフェラチオするのを見ていたからでしょう。スポーツマンの闘争心の単純明快さは、まったくすがすがしいばかりです。

「ああ、いい。気持ちいい……！」

でも、残念なことに、本多くんの射精を受け止めることはできませんでした。

それというのも、田中くんが明美を連れてきたからでした。

射精を終えて手持ち無沙汰になった田中くんが部屋を出ていったのは気づいていましたが、トイレにでも行ったのだろうと特に気にしていませんでした。まさか明美を呼びに行っていたとは。

「へえ、本多くんって美穂のことが好きだったんだ」

明美の元カノらしい嫌味っぽい言い方に、本多くんはかわいそうに中折れしてしまったようでした。「いや、おまえが先に寝ちゃったから」とかなんとか、明美を口説きはじめた本多くんを尻目に、私と山岸くんはあらためて抱き合いました。

山岸くんは私を四つん這いにさせて尻を突き出させ、後背位で挿入しました。肛門をさらけ出す恥ずかしい格好ですが、女にとっていちばん敏感なところにペニスがこすれて、いちばん気持ちいい体位でもあります。

特に山岸くんみたいに立派なペニスの持ち主とするには最適と言えるでしょう。亀頭の先端は最奥部に届き、敏感な箇所がダイレクトに刺激されました。

「ああ、スゴイ。すぐイッちゃいそう。もうイク、イッちゃう。スゴイよ、山岸くん！　すごくイイ。いちばんイイ。いちばんスゴイ！」

私ははからずもほかの男性たちに失礼なことを口走ってしまいましたが、すでに本多くんは明美とセックスを始めていましたし、明美に興味津々の田中くんもなんとかそちらに参加しようとしていたので、誰も気にしていないようでした。

だから私も気がねなく山岸くんのペニスをたんのうできたのです。

そのあと、大部屋で飲んでいたほかの三人のOBも参加して、結局私は六人とも相手にしました。明美も同様でしたから輪姦というよりは乱交です。明け方近くまで私のアソコには常に誰かのペニスが入っている状態でした。

山岸くんはもちろん、そのうちの何人かと連絡先を交換して、いまもときどき会っています。もちろん文系の夫には内緒です。体育会系の感覚が理解できるはずがないと思っているから、打ち明けるつもりもありません。

◉読者投稿手記募集中！

素人投稿編集部では、読者の皆様、特に**女性の方々からの**手記を常時募集しております。真実の体験に基づいたものであれば長短は問いませんが、最近のSEX事情を反映した内容のものなら特に大歓迎、あなたのナマナマしい体験をどしどし送って下さい。

●採用分に関しましては、当社規定の謝礼を差し上げます（但し、採否にかかわらず原稿の返却はいたしませんので、控え等をお取り下さい）。

●原稿には、必ず御連絡先・年齢・職業（具体的に）をお書き添え下さい。

〈送付先〉
〒101-8405
東京都千代田区神田三崎町2－18－11
マドンナ社
「素人投稿」編集部　宛

◉新人作品**大募集**◉

マドンナメイト編集部では、意欲あふれる新人作品を常時募集しております。採用された作品は、本人通知のうえ当文庫より出版されることになります。

【応募要項】 未発表作品に限る。四〇〇字詰原稿用紙換算で三〇〇枚以上四〇〇枚以内。必ず梗概をお書き添えのうえ、名前・住所・電話番号を明記してお送り下さい。なお、採否にかかわらず原稿は返却いたしません。また、電話でのお問い合せはご遠慮下さい。

【送 付 先】 〒一〇一-八四〇五 東京都千代田区神田三崎町二-一八-一一 マドンナ社編集部 新人作品募集係

素人告白スペシャル 大人の絶頂初体験

しろうとこくはくすぺしゃる おとなのぜっちょうはつたいけん

二〇二三年 四 月 十 日 初版発行

編者◉素人投稿編集部【しろうととうこうへんしゅうぶ】

発行◉マドンナ社
発売◉二見書房
東京都千代田区神田三崎町二-一八-一一
電話 〇三-三五一五-二三一一(代表)
郵便振替 〇〇一七〇-四-二六三九

印刷◉株式会社堀内印刷所 製本◉株式会社村上製本所 落丁・乱丁本はお取替えいたします。定価は、カバーに表示してあります。

ISBN978-4-576-23031-3 ◉Printed in Japan ◉©マドンナ社

マドンナメイトが楽しめる! マドンナ社 **電子出版**(インターネット)…………https://madonna.futami.co.jp/